올레, 사랑을 만나다

올레, 사랑을 만나다

섬 순례자 강제윤의 제주 올레길 여행

글 | 사진 **강제윤**

예담

섬 순례자 강제윤의 제주 올레길 여행
올레, 사랑을 만나다

초판 1쇄 인쇄 2010년 6월 7일   초판 1쇄 발행 2010년 6월 14일

지은이 강제윤 **펴낸이** 연준혁

편집 2분사
분사장 고정란 **편집** 최소진
제작팀 이재승 송현주

펴낸곳 (주)위즈덤하우스 **출판등록** 2000년 5월 23일 제13-1071호
주소 (410-380) 경기도 고양시 일산동구 장항동 846번지 센트럴프라자 6층
전화 (031)936-4000 **팩스** (031)903-3891
홈페이지 www.wisdomhouse.co.kr
출력 엔터 **종이** 화인페이퍼 **인쇄·제본** (주)현문

ⓒ 강제윤, 2010
ISBN 978-89-5913-447-2 03810

* 책 값은 뒤표지에 있습니다.
* 잘못된 책은 바꿔드립니다.
* 이 책의 전부 또는 일부 내용을 재사용하려면 반드시 사전에
  저작권자와 (주)위즈덤하우스 양측의 서면에 의한 동의를 받아야 합니다.

국립중앙도서관 출판시도서목록(CIP)

올레, 사랑을 만나다 : 섬 순례자 강제윤의 제주 올레길 여행 / 글·
사진: 강제윤. ― 고양 : 예담출판사, 2010
  p. ; cm

ISBN 978-89-5913-447-2 03810 : ₩12000

기행문[紀行文]
제주도[濟州道]

816.7-KDC5
895.785-DDC21   CIP2010002009

견딜 수 없는 사랑은 견디지 마라

견딜 수 없는 날들은 견디지 마라
견딜 수 없는 사랑은 견디지 마라

그리움을 견디고 사랑을 참아
보고 싶은 마음, 병이 된다면
그것이 어찌 사랑이겠느냐
그것이 어찌 그리움이겠느냐

견딜 수 없이 보고 싶을 때는 견디지 마라
견딜 수 없는 사랑은 견디지 마라

우리 사랑은 몇 천 년을 참아왔느냐
참다가 병이 되고 사랑하다 죽어버린다면
그것이 사랑이겠느냐
사랑의 독이 아니겠느냐
사랑의 죽음이 아니겠느냐

사랑이 불꽃처럼 타오르다 연기처럼 사라진다고 말하지 마라
사랑은 살아지는 것
죽음으로 완성되는 사랑은 사랑이 아니다

머지않아 그리움의 때가 오리라
사랑의 날들이 오리라
견딜 수 없는 날들은 견디지 마라
견딜 수 없는 사랑은 견디지 마라

― 강제윤

추천의 글

제주를
뼛속까지 사랑하는 떠돌이 시인

— 서명숙(『제주걷기여행』 저자, 제주올레 이사장)

의리 있는 사내

지난해 여름 갑자기 장대비가 쏟아지던 날, 올레 7코스의 명소 '솔빛바다'에 들렀다. 주인인 친구 미선이가 반가워하면서 소매를 잡아끌었다. 수염이 덥수룩한 남자 하나를 서귀포 시내까지만 태워다 달란다. 썩 내키지는 않았지만 인심 사납게 내칠 수는 없었다. 그 친구가 바로 강제윤 시인이다. 그는 자신을 일러 섬을 떠도는 떠돌이 시인이라 했다. 떠돌이에, 수염에, 그것도 모자라서 시까지 쓴다니. 내가 싫어하는 요소는 골고루 갖춘 위인이었다.

'빨리 내려줘야지.' 그 생각밖에 없었다. 한데 떠돌이 시인이 내가 비양도 케이블카에 대해 쓴 글을 잘 봤으며 자신도 고향 보길도에서 댐 반대 운동을 한 적이 있어, 내 심정을 누구보다 잘 안다고 말하는 게 아닌가. 갑자기 동지를 만난 듯해 와락 반가운 마음이 들었다. 당시 제주에서는 천년千年의 섬 비양도에 케이블카를 세우려는 움직임이 있었다. 나는 그 어처구니없는 일을 막기 위해 제주의 한 인터넷신문에 릴레이 칼럼을 제안했고, 첫 타자로 나서 장문의 글을 썼다. 지푸라기라도 잡고 싶은 심정이었기에 나는 그에게 칼럼 기고를 부탁했다. 그는 선선히 한번 생각해보겠다고 대답했다.

하지만 그를 딱히 믿은 것은 아니었다. 여행길에 친해져서 꼭 연락하자고 메일 주소를 나누고서도 돌아와서는 까맣게 잊어버리는 일이 좀 많은가. 떠돌이의 삶은 그런 것이다. 더군다나 그와 나는 초면인 데다 짧은 대화를 나눴을 뿐.

한 달쯤 흘렀을까. 낯선 목소리의 남자가 전화를 걸어왔다.

"비양도 칼럼 원고를 메일로 보냈으니 한번 보세요. 대안을 찾기 위해 통영에 다녀오느라 조금 늦었는데 아직 도움이 될지 모르겠네요."

어라, 제법 의리 있는 시인인걸. 약속을 지킨 것만도 기특한데 그의 칼럼은 문제 제기는 물론이고 탄탄한 대안까지 제시해놓은 아주 순도 높은 글이었다. 나와 조정래 선생의 칼럼 이후에 칼럼이 이어지지 않아서 속을 끓이고 있었던 차였다. 이런 고마울 데가 있나. 원고료도 제대로 못 주는데 좋은 글을 보내줘서 고맙다고 메일을 보냈더니, 술이나 한잔 사란다.

제윤이 그 친구, 내공이 정말 대단한 사람이우다

꽤나 지루하고 진지해 보이는 시인과 저녁 먹는 일이 고역일 것이라 생각해 동생이자 제주올레 첫 탐사대장인 동철이를 그 자리에 불러냈다. 누구와도 잘 어울리는 동철이가 심심한 자리를 조금은 활기 있게 만들 것 같아서였다. 떠돌이 시인과 왕년의 조폭 두목은 만나자마자 눈이 맞아 다음날부터 찰싹 붙어 다니기 시작했다. '호학'好學을 자처하는 동철이는 조폭 후배는 깊은 대화가 안 돼서 답답하고, 지식인은 너무 문약해서 싫다고 입버릇처럼 말하곤 했다. 그런데 강제윤은 대화도 잘 통하고, 스케일이 커서 배짱도 맞고, 더군다나 힘도 쓸 줄 안단다. "제윤이, 내공이 센 친구우다. 손을 딱 펴면 장풍이 팍팍 나오는 사람이우다. 그냥 시인이 아니라마씸."

그 뒤 1년여 동안 강제윤은 때로는 혼자서, 때로는 동철이네 패거리와 올레길을 샅샅이 누비고 다녔다. 웬만해선 외지인에게 마음을 열지 않는 해녀 할망들에게 능청맞게 농을 걸고, 억센 뱃사람들과 대낮부터 막걸리를 나눠 마시며 제주 토박이도 잘 모르는 야생풀을 뜯어다 무쳐 먹기도 하고, 야생 갓을 뜯어다 김치를 담그기도 하면서. 참, 내 동생 동철이와 함께 가파도 올레길을 개척하겠다며 며칠씩이나 그 파도 높은 섬에 틀어박히기도 했다.

지난 3년 사이 제주 올레길에는 수많은 사람이 다녀갔다. 그중에는 더러 내로라하는 시인과 여행 작가, 소설가도 있었다. 그중 몇 몇은 이미 올레길을 소재로 책을 펴내기도 했다. 올레길의 풍광에서 느끼는 개인적인 감상과 여행 정보를 양념으로 버무린. 그러다 보니 조금씩 다르긴 하지만, 큰 틀에서는 엇비슷해 보인다.

하지만 강제윤의 『올레, 사랑을 만나다』는 다르다. 동철이가 늘 주장해온 강제윤의 '센 내공'을 엿보게 하는 책이다. 그의 책은 외지인의 눈에 비친 이국적인 올레길의 풍광을 다루지도, 올레 여행을 더 즐겁고 맛있고 편하게 하는 법을 가르쳐주지도 않는다. 제주인보다 더 제주의 아픈 역사에 깊이 공감하고 제주의 아름다운 풍광을 뼛속 깊이 사랑하는 그는 눈에 보이는 것에만 눈길을 주지도 않는다. 한 길 더 깊이, 한 발자국 더 가까이 들어가서 제주 사람들의 이야기를 길어 올리고 그들의 마음을 헤쳐 보인다. 이 책을 읽고 난 뒤에 제주 올레길을 걷는다면, 당신은 아마도 제주 풍경의 속살뿐만 아니라 제주 사람들의 속살까지도 들여다보게 될 것이다.

강제윤에게는 바람의 냄새가 난다. 자유로운 영혼의 소유자인 그는 마치 그리스인 조르바 같다. 사람은 섬세하면서도 담대하고 문장은 예리하면서도 따뜻하다. 이 책을 덮는 순간, 대한민국의 모든 유인도 5백여 개를 다 걷겠다며 서원을 세우고 한곳에 열흘 이상 머물지 않았던 바람 같은 떠돌이가 1년 넘게 올레와 사랑에 빠진 치명적인 이유를 짐작할 수 있을 것이다. 단언컨대 나그네가 제대로 사랑에 빠지고 말았다!

프롤로그

함께이기 때문에 외로운 것이다

가버린 시간은 화살과 같다. 어느새 올레길에서 1년이 훌쩍 지나버렸다. 애초부터 무언가를 작정하고 제주에 온 것은 아니었다. 집을 버리고 가뭇없이 떠다닌 6년. 스스로 자처한 유랑의 길이었으나 때때로 생은 감당할 수 없는 무게로 어깨를 짓눌렀다. 모든 것을 버렸다 생각했건만 무엇 하나 제대로 버리지 못했다. 길을 떠난 것은 존재의 실상을 찾고 생사의 비밀을 풀기 위함이었다. 사람 사는 이 나라의 모든 섬을 걸어보리라 서원을 세우고 수십, 수백 개의 섬을 걸었다. '나는 어디서 와서 어디로 가는가?' 단 한 순간도 그 화두를 내려놓지 않았다. 그러나 궁극은 갈수록 멀어 보였다. 섬에서 만난 선지식들에게 지혜를 얻기도 했으나 끝끝내 풀리지 않는 무언가가 있었다. 한동안 섬을 멀리하고 도시 주변을 배회하기도 했다. 도시는 마약과 같았다. 몸은 병들고 정신은 피폐해졌다. 폭음과 광기의 나날들. 다시 섬으로 갈 기운을 되찾아야 했다. 그때 문득 제주의 따뜻한 빛이 섬광처럼 스쳐갔다.

　　서귀포에 둥지를 틀고 올레길을 걸었다. 약효는 생각보다 일찍 드러났다. 예상대로 올레길은 치유의 길이었고 환희의 길이었다. 모퉁이를 돌아서니 삶은 다시 나아갈 방향이 보이기 시작했다. 길의 아들이 길에서 위안을 받고 용기를 얻는 것은 너무도 당연한 귀결이다. 날마다 목적 없이 올레길을 걷는 것이 좋았고 서귀포가 무작정 좋았다. 아니, 실은 그보다 그곳에서 만난 사람들, 그들과 함께하는 시간이 행복했다. 길가에서 노느라 시간 가는 줄도 몰랐다. 경계했건만 결국 정이 들어버렸다. 언젠가는 떠나야 하리라. 그래도 체류의 시간을 늦추고 싶었다. 어찌 하면 이 길에서 더 오래 머물 수 있을까. 하여 이 짧은 기록들은 그 부단한 고민의 끝자락에서 길어 올린 올레길에서 놀기 위한 명분에 지나지 않는다.

　　봄이다. 이제 다시 서귀포에 안개의 계절이 돌아왔다. 서귀포 앞바다의 문섬과 섶섬, 새섬과 범섬이 안개 속으로 사라져버렸다. 실은 사라진 것이 아니라 잠시 안개의 군단에게 자리를 내준 것일 테지. 하지만 나는 섬이, 바다와 산과 하늘이 안개 속으로 아주 사라져버렸으면 좋겠다. 안개 속으로 사라진 섬과 사람과 말과 흰 소와 검은 염소들. 모든 것이 사라져버린 다음에야 문득 깨닫는다. 내가 고독에서 벗어나기 위해 혼자 남겨지길 원했구나.

사람은, 존재는 혼자이기 때문에 외로운 것이 아니다. 함께이기 때문에 외로운 것이다. 존재들 속에서 문득 혼자인 자신을 발견하기 때문에 외로운 것이다. 함께 있어도 함께가 아닌 것들, 사람과 말과 흰 소와 검은 염소들, 마을길과 바다와 산들. 은수자隱修者가 사막의 모래바람을 견디며, 외로움에 미쳐버리지 않고 수십 년을 살 수 있는 까닭을 이제야 알겠다. 혼자서는 결코 외로울 수도 없는 것이다.

2010년 봄 서귀포에서
강제윤

차례

추천의 글
제주를 뼛속까지 사랑하는 떠돌이 시인 … 6

프롤로그
함께이기 때문에 외로운 것이다 … 10

01
내 안에
들어온
제주올레

여행의 목적지는 여행이다 … 18

산보를 나가 돌아오지 않을 것처럼 … 28

폭풍의 화가 변시지 … 38

노화백의 사랑 … 48

삶은 외롭고 서글프고 그리운 것 … 54

흰 동백 피었다 지네 … 62

비구니 스님들 올레길에 취하다 … 68

서귀포의 밤 … 75

02
올레길 위의 사랑

- 여행자의 사랑은 불가능이 없다 … 82
- 가파도의 로미오와 줄리엣 … 98
- 죽음으로 사랑을 지킨 여자 홍윤애 … 108
- 17년을 기다린 사랑 … 115
- 올레 교감 선생님 '한산도'의 봄 … 122
- 올레길에서 만난 집시 유통 … 129
- 사랑이 불치병인 까닭 … 140

03
올레, 사람 사이로 흐르다

- 한 사랑을 잃고 더 많은 사랑을 얻다 … 146
- 제주올레를 만든 또 한 사람 서동철 … 154
- 서귀포 라 트라비아타 … 162
- 올레길에서 만난 이방인들 … 171
- 길이 된 사람 … 182
- 춘자싸롱 … 194

04 사색의 숲을 거닐다

존재의 근원을 찾아 떠나는 여행 ··· 202

만 개의 눈 만 개의 목숨 ··· 211

생명에 대한 예의 ··· 216

삶의 본질은 죽이는 것과 먹는 것 ··· 223

지구의 마지막 세대인 것처럼 ··· 230

태고의 힘 비양도 ··· 235

바위에 갇힌 자들 ··· 244

왕은 숲으로 갔다 ··· 248

05 제주 속으로 들어가다

이승에 집을 두고 저승에 직장을 두고 ··· 258

슬픔의 다크 올레 ··· 266

내 슬픈 경주마들 ··· 276

신들의 로맨스 ··· 281

살려줍서 살려줍서 ··· 289

바람과 돌의 나라 ··· 294

모슬포 과부탄 ··· 299

지구는 수구다 ··· 303

01

내 안에
들어온
제주올레

여행을 하는데 목적지가 자꾸만 멀어지는 것 같을 때가 있다. 이때 여행의 목적지가 바로 여행임을 깨닫게 된다.
— 카를프리트 그라프 뒤르크하임

여 행 의
목 적 지 는
여 행 이 다

길을 잃은 것은 행운이다

성산일출봉 아래 올레길을 걷는다. 성산일출봉은 지금은 제주 해안 끝자락의 산이지만 본래 '성산도'라는 섬이었다. 그래서 백호 임제는 『남명소승』에 "성산도는 마치 한 떨기 푸른 연꽃이 바닷가에 피어난 것 같다"라고 기록했다. 성산도는 매립으로 제주도와 이어지면서 성산일출봉이 되었다.

본섬과 연결이 된 사잇길은 터진목이다. 물길이 터진 것이 아니라 새 길이 터졌다 해서 터진목. 성산일출봉 아래 광치기 해변에서 올레 1코스는 끝이 난다. 하지만 끝은 새로운 시작이다. 길의 끝에서 다시 길이 시작된다. 올레 2코스는 대부분 습지다. 동남 양어장을 지나 호수 길로 접어든다. 갈대숲과 물가를 따라 난 길이 내내 호젓하다.

그런데 호수의 끝쯤에서 문득 길을 잃었다. 갑자기 불어난 물로 길은 물속으로 사라지고 물 건너 돌담 앞에서 다시 솟아오른다. 물에 빠진 길이라니! 밀물이 들어와 길을 지워버렸다. 물속에 가라앉은 징검다리가 언뜻 보이는 것이 깊지는 않은 듯싶다. 그래도 결단은 필요하다. 돌아갈 것인가, 물속을 가로질러 갈 것인가, 아니면 또 다른 길을 찾을 것인가. 나는 다른 길을 찾기로 한다. 길을 잃었다고 낙심할 이유가 없다. 사실 길을 잃은 것은 행운이다. 정해진 길이 아니라 나만의 올레길을 만들어볼 수 있는 절호의 기회가 생겼으므로. 제주 한 곳에 아무도 모르는 나만의 올레길을 갖는다는 것은 또 얼마나 행복한 일인가. 비밀의 길, 신비의 길.

세상 어디에도 정해진 길은 없다. 올레길 또한 결코 정해진 하나의 길이 아니다. 올레길의 상징인 화살표와 리본은 방향을 알려주는 지침일 뿐 길 그 자체는 아니다. 방향을 잃었을 때 화살표는 유용하지만 그렇다고 그것이 길을 가두는 괄호는 아니다. 올레길 코스는 등대 같은 것이다. 등대가 내 항해의 목적지는 아니지 않은가. 그러므로 길을 놓쳤다고 건너뛰었다고 책망할 까닭은 없다.

여러 명이 함께 길을 걷더라도 그들이 같은 길을 가는 것은 아니다. 누구나 각자의 길을 간다. 올레길 위에는 길을 걷는 사람의 숫자만큼이나 많은 길이 있다. 수천, 수만 개의 길을 품고 있는 길이 올레길이다. 각자 다른 길을 가지만 하나의 방향을 향해 가는 올레길. 사유와 휴식과 놀이와 성찰이라는 하나의 방향. 그러므로 우리

가 잃지 말아야 할 것은 '길'이 아니라 '올레의 정신'이다. 정해진 길을 자주 벗어날수록 우리는 더 많은 올레길을 만나고 더 많이 행복해질 수 있다. 삶은 어차피 모험이 아닌가.

이 길에서는 좀 더 느리게 걸어야 하리

길가에 피어난 들꽃, 원추리, 괭이밥꽃. 야생화도 수목원이나 식물원에 가야만 볼 수 있다고 생각하는 시대. 수목원이나 식물원의 꽃들은 이미 야생화가 아니다. 인공의 꽃이고 상품이지 진정한 들꽃이 아니다. 이 길, 올레길에서 만나는 꽃들이야말로 진정한 들꽃, 야생화다. 더러 길을 걷다 보면 급하게 서두르며 걷기대회라도 나온 것처럼 경주하듯 걸어가는 사람들을 본다. 저 고운 들꽃이라도 보고 가실 일이지! 올레길 코스 종주가 목적이 되는 순간 걷기는 이미 올레의 정신을 벗어나는 것이 아닐까. 길을 걷는 데는 사람마다 나름의 사연이 있을 터지만 그래도 이 길만은 경쟁의 길, 속도전의 길이 아니었으면 한다. 남들보다 먼저 구간을 종주한 것이 자랑이 아니었으면 한다. 배려의 길, 상생의 길이었으면 한다.

느리게 살기 위해 탈것을 버리고 두 발로 걷기를 선택한 사람들이 바쁘게 걷는다면 그것은 다시 속도의 노예가 되는 일이다. 길가의 풀과 나무와 들꽃들을 찬찬히 들여다보거나 새소리를 듣지도

못하고 정신없이 걷는다면, 또 시시각각 변화하는 바다의 풍경을 놓친다면, 길에 얽힌 이야기와 바람이 전하는 말을 듣지 못한다면, 대체 이 자연의 길을 걷는 의미는 무엇일까. 우리는 흔히 자연에 대해 다 안다고 자부하지만 아는 것과 체험하는 것은 다르다. 자연을 아는 것은 자연을 체험하는 것의 10분의 1만큼도 중요하지 않다. 그러므로 이 길에서는 느리게 걸어야 하리라. 온갖 해찰을 부리며 걸어야 하리라. 올레길에서는 도달해야 할 목적지 따위는 잊자. 목적지에 가지 못한들 어떠랴. 길을 벗어나 낯선 길로 들어선들 또 어떠랴. 여행의 목적지는 여행 그 자체가 아닌가. 여행을 떠난 순간 우리는 이미 목적지에 도착한 것이다.

북망산천으로 가는 느린 걸음

걷지 못하던 사람이 어느 날 갑자기 일어나 걸을 때 우리는 그것을 기적이라 부른다. 그렇다면 멀쩡한 두 다리로 걷는 사람은 이미 기적을 체험하고 있는 셈이다. 걷는 것이야말로 진실로 기적이다. 걷기에는 어떤 마력 같은 힘이 있다. 끊긴 생각을 이어주고 막혔던 사유의 물꼬를 터준다.

올레 2코스 성산일출봉이 보이는 오조리 해안가. 썰물의 시간이다. 꼬부랑 할머니 한 분이 갯것을 하러 바다에 나가신다. 걷다 쉬다, 걷다 쉬다 힘에 겹다. 저러다가 나갔던 물이 다시 들어오면 어떻게 하시려나. 그래도 할머니는 서두르지 않는다. 가다 못 가면 그만이지. 할머니는 오조리가 집이다.

"할머니 어디 가세요?"

"바당에 조개 파러. 물 싸면 바짝 몰라부렁 긁어가멍 조개 파야주."

썰물이 되어 물이 말라 바닥이 보일 때, 바다에 나가 긁어가면서 조개를 판다는 말씀이다.

"어디서 왔수꽈?"

"인천에서 왔습니다."

"걸어 왔수꽈?"

"예."

성산까지는 어찌 왔느냐는 말씀이다.

"어망 아방 다 살아 있수꽈?"

"예."

"성이 뭐우꽈?"

"강갑니다."

"강치비? 나도. 육지서 와서 부치비랑 겔혼했는디 하르방은 돌아갔수다. 공동묘지 가볐수께."

친정이 삼천포인 할머니는 제주로 시집와 60년을 해녀로 살다가 몇 해 전에 은퇴했다. 평생을 잠수하다 얻은 직업병 때문에 이제는 바다 대신 병원으로 출근한다.

"작은아들은 죽어부런, 산천에 간, 죽으난 묻어불고."

작은아들은 어미보다 먼저 세상을 등지고, 노인은 느릿느릿 갯벌을 향해 걷는다.

문득 노인들의 걸음이 느린 것은 육체의 노쇠 때문이 아닐 거란 생각이 든다. 저것은 퇴화가 아니다. 길은 북망산천 가는 길, 죽음 곁으로 가는 것을 최대한 늦추기 위해 노인들의 걸음걸이는 느리게 진화한 것이다.

산보를 나가
돌아오지
않을 것처럼

서귀포 재래시장 올레

서귀포 구시가지에 방을 얻어 살아가는 장기 올레꾼이 된 지 오래다. 오늘도 나그네는 이중섭미술관 뜨락을 거닐다 저녁 반찬거리를 사기 위해 서귀포 재래시장을 찾는다. 식당에서는 만 원이 넘는 고등어구이. 하지만 시장에서는 2천5백 원이면 기름진 고등어 한 마리를 사다 구워 먹을 수 있다.

    보도블록 교체 공사로 어수선한 이중섭 거리 언덕을 오른다. 서귀포 재래시장으로 가는 길이다. 이중섭 거주지 담벼락에 붙어 있는 카페 '미루나무'는 아직 문을 열지 않았고 새끼회를 파는 중섭식당에는 오늘도 손님이 없다. 중섭식당은 그 퇴락하고 쓸쓸한 분위기 때문에 꼭 한번 들러보고 싶은 곳이지만 고기를 먹지 않는 까닭에 늘 지나치기만 한다. 문을 닫은 지 오래된 서귀포 관광극장에

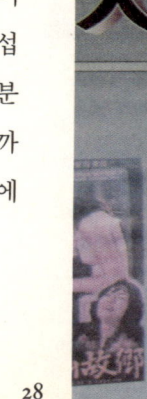

우리는 아마도 불멸의 모험을 하겠다는 정신으로
가장 짧은 산보에 나서서 결코 되돌아오지 말아야 할 것이다.
우리들의 쓸쓸한 왕국의 유물로서 미라가 된 우리들의 심장만을
되돌려 보낼 각오를 해야 할 것이다.
만일 당신이 부모 형제와 처자와 친구를 작별하고
다시는 그들을 만나지 않을 결심이 되어 있다면
— 빚을 갚고 유언장을 작성하고 모든 문제를 해결하고, 그래서 자유인이 되었다면 —
당신은 산보를 나갈 준비를 마친 것이다.

— 소로우, 「산보」

는 전시용이지만 옛날 영화 포스터들이 여전히 붙어 있어 길 가는 나그네의 향수를 자극한다.

우생당 서점을 지나면 동의당 약국, 그 앞 횡단보도를 건너면 서귀포 아케이드 상가, 이곳이 바로 서귀포 재래시장이다. 시장 앞길은 늘 사람들 행렬이 끊이지 않지만 그리 북적이지도 않는다. 시장의 초입은 군밤과 붕어빵 노점이다. 군밤 장수 여인은 군밤과 카세트테이프를 함께 팔지만 사가는 손님은 거의 없다. 아니 하루 한 장도 팔리지 않는 날이 허다하다. 그렇다고 쉽게 이 일을 버릴 수는 없다. 다른 품목의 장사를 하려면 다시 투자를 해야 하는데 그럴 여력이 없는 까닭이다.

그 다음은 과일 노점. 시장 골목 가운데 길은 손수레나 대야에 물건을 담아놓고 파는 노점들이 가득하다. 양옆의 번듯한 상가건물 점포들과는 대조적이다.

할머니 한 분이 대야 가득 미쓰이까(무늬오징어)를 담아두고 손님을 기다린다. 회로 먹거나 삶아 먹어도 맛있는 오징어지만 혼자 먹기에는 너무 크다. 1킬로그램에 1만 2천 원 받던 것을 만 원에 주겠다고 하시지만 다음 기회로 미루자. 그런데 지팡이를 짚고 가던 할아버지 한 분이 할머니 앞에 멈춰 선다.

"이건 얼마우꽈?"

"못 잡솨, 아저씨는 사지 맙서. 이빨이 없어서 못 잡솨."

할아버지는 아쉬운 듯 몇 번을 뒤돌아보다가 다시 가던 길을 간다.

치과 건물 앞은 국화빵 노점. 그 다음은 통닭집과 정육점. 시장 사거리 옥돔 좌판에서는 옥돔이 여섯 마리에 2만 원인데 두 마리를 더 얹어서 줄 테니 사란다. 수입산이다. 다른 생선들도 비슷하지만 옥돔은 제주산이 수입산보다 세 배 이상 값이 나간다. 말린 옥돔 제주산이 1킬로그램에 5만 원이면 수입산은 1만 5천 원이다.

나그네가 자주 들르는 털보두부집은 두부와 순두부, 도토리묵 등을 그날그날 만들어 판다. 두부는 국산 콩으로 만든 것이 6백50그램 한 모에 2천 원이고 수입산은 천 원이다. 나그네가 이 집을 즐겨 찾는 것은 순전히 순두부 때문이다. 1.5킬로그램 한 봉지에 단돈 천 원. 한 봉지 사다 놓으면 2~3일은 국 걱정 없이 살 수 있다.

반찬가게들에서는 배추와 열무김치, 얼갈이김치, 파김치, 나박김치, 오이소박이 등 온갖 종류의 김치를 날마다 새로 담가서 내놓는다. 김치는 2천 원에서 3천 원어치씩만 사 가면 일주일도 넘게 먹는다. 맛 또한 집에서 담근 김치 못지않다. 공장에서 대량으로 만들어내는 마트의 김치는 결코 따라갈 수 없는 맛이다. 하루는 저 많은 김치를 담그려면 힘들겠다 싶어 주인 할머니에게 매일 김치를 담그느냐고 물었다가 핀잔만 들었다.

"놈의 돈 먹기가 어디 쉬운가."

털보두부집 골목에는 어물전이 많다. 포유류나 조류 같은 육류를 먹지 않는 나그네는 생선이나 해산물 없이는 하루도 못산다. 태생이 '섬놈'인 까닭이다. 뭍사람들은 두 끼 연달아 생선 반찬이 나오면 거북해하지만 나그네는 날마다 매 끼니 먹어도 물리지 않는다. 날것도 익힌 것도 말린 것도 가리지 않는다. 그러니 어물전 앞을 어찌 그냥 지나랴.

사람은 누구나 어렸을 때 식습관을 따라간다. 나그네의 고향에서는 옥돔이 나지 않아 나그네는 어렸을 때 옥돔을 먹어본 적이 없다. 아무리 비싸고 귀해도 나그네의 입맛은 아니다. 그래서 제주 사람들이 최고로 치는 옥돔에는 눈길도 주지 않는다. 참돔처럼 생긴 뱅고돔은 빛깔이 예쁘지만 향이 짙어서 별로다. 좋아하는 어종은 고등어나 갈치, 장어나 참돔 따위다. 하지만 가장 값싸고 푸짐한 것은 고등어다. 간고등어는 큰 것 세 마리에 만 원이고 작은 것은 보통 네 마리에 만 원이다. 제주산이나 노르웨이산이나 값은 같다. 나그네 입맛에는 퍽퍽하지 않은 노르웨이산이 더 맛있다.

갈치나 돔은 가격이 높아 좀 부담스럽다. 참조기(황조기)도 한 광주리에 만 원. 제주 사람들은 참조기보다 백조기를 윗길로 친다. 제사상에도 백조기를 올린다. 옛날에는 제주에 참조기가 나지 않

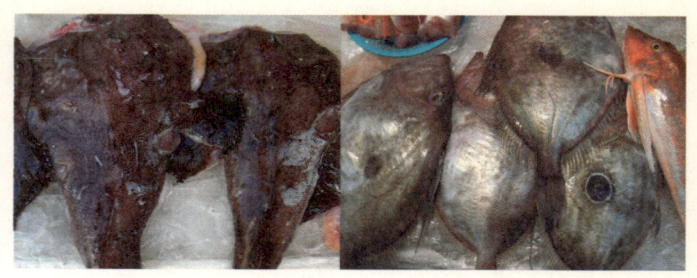

아 입맛을 들이지 못했기 때문일 것이다. 삼치도, 고들맹이도, 각재기(전갱이)도 다들 한 광주리에 만 원. 은대구는 한 마리에 5천 원. 값이 좀 세다. 데친 물미역이나 톳도 나왔다. 달치도 있다. 몸에 달 모양의 둥근 무늬가 있어 달치라 이름이 붙여진 물고기. 달치는 비린내가 없어 김치찌개에 넣어 먹으면 일품이다. 값도 고등어나 각재기만큼 싸다. 나그네는 5천 원으로 고등어 두 마리를 산다. 며칠 반찬으로 충분하다.

생선회를 떠서 판매하는 가게들 앞에도 손님이 붐빈다. 주로 올레길을 걷는 올레꾼들이다. 가을부터 겨울까지는 방어철. 히라스나 방어 등 방어류는 자연산이지만 다른 생선들에 비해 값도 싸고 푸짐하다. 쫄깃한 맛을 선호하면 히라스가 좋고 부드러운 맛을 원하면 방어가 제격이다. 나그네는 히라스에 한 표. 만 원짜리 한 접시면 두 사람이 먹기에 충분하다. 히라스나 방어처럼 어떤 음식이든 제철에 나는 것이 맛도 영양도 최고다.

밀감이나 한 개 잡수고 갑써

시장을 빠져나오니 할머니 한 분이 작은 좌판 하나를 앞에 두고 마늘을 까고 계신다. 좌판은 초라하다. 고구마와 감자 조금, 마늘, 밀감 한 소쿠리가 전부. 마늘 까는 손이 시리시겠다. 주춤거리며 잠시 기웃거리는데 할머니가 먼저 말을 걸어온다.

"관광 왔수꽈?"

"네."

"밀감이나 한 개 잡수고 갑써."

할머니는 팔려고 내놓으신 밀감 광주리를 손짓하며 어서 집어가란다.

"할머니, 저는 됐어요. 파셔야죠."

"어디서 왔수꽈?"

"인천에서 왔습니다."

"혼자서?"

"예, 할머니 집이 이 근처세요?"

"저기 촌에 살아. 법환 너머 강정, 풍림콘도 앞에."

할머니는 몸이 편찮아 많이 걷지 못하고 들일도 못하신다. 그래서 고구마는 동네 사람들에게 사왔다.

"많이 팔리나요?"

"잘 팔리지 안 햄수다."

대형마트들이 들어서고 나서 서귀포 재래시장의 손님이 눈에 띄게 줄어들었다. 하지만 올레길이 생기고 올레꾼이 시장을 찾기 시작하면서 재래시장의 매출이 20퍼센트 이상 증가했다. 시장이 다시 살아나기 시작한 것이다. 저녁에 배낭을 메고 시장에서 서성이는 사람 대부분이 올레꾼이다. 하지만 오늘은 오일장이라 시장 손님들이 대부분 그곳으로 갔다. 재래시장은 한가하다. 그래도 할머니는 자리를 지키러 나오셨다.

"미깡이나 먹지, 심심한데."

할머니는 다시 밀감을 먹으라고 권하신다.

"먹어봅써, 어서 먹어봅써."

할머니가 권하는 밀감은 동네 사람이 할머니 드시라고 준 것이다. 할머니는 끝내 밀감을 한 움큼 집어주신다. 나그네는 하나만 받아 주머니에 넣는다. 눈자위가 시큰거려서 먹을 수가 없다. 길 가는 나그네도 걱정해주시는 할머니의 따뜻한 마음에 그만 목이 멘다.

"건강합써, 할망."

"갑써, 어서 갑써."

할머니는 나그네가 서둘러 일어나는 것이 못내 서운한 눈치다. 물건도 손님도 없는 좌판을 놓고 종일 앉아 계시려니 외로우셨던 게다.

| 서귀포 재래시장을 가볼 수 있는 올레 6코스 |

너 아귀 사랑의 기생충

오늘도 서귀포 재래시장에는 당일바리 물 좋은 생선들이 나왔다.
그 많은 생선 중 나를 가장 애틋하게 하는 녀석은 아귀다.
아귀는 생긴 모습이 흉측해도 생애는 흉측하지 않다.
아귀는 수중의 어부다.
낚시질을 생업으로 삼는 어류.
저 또한 낚시에 쉽게 걸려드는 물고기지만 아귀는 늘 이마에 낚싯대를 달고 다닌다.
낚시 바늘에 제 살을 미끼로 끼우고 물고기들을 유인한다.

침착하고 인내심 많은 낚시꾼.
낚시 밥에 매혹된 물고기들은 기꺼이 아귀의 한 끼 식량이 되어준다.
아귀는 일급 조사지만 간혹 둔한 녀석들은 제 살점만 따 먹히고 낚시에 실패한다.
그런 녀석들은 바늘이 떨어져 쓸모없어진 낚싯대를 안테나처럼 세우고 살아간다.

심해어 아귀.
생존을 위해 어두운 바다 밑에 터전을 잡게 되면서 사랑을 찾기 어려워졌다.
수컷은 작아지기를 자청했다.
어떤 수컷은 암놈보다 백배나 작다.
하렘의 방주, 이제 여왕이 된 암놈은 혼자서 서너 마리의 수컷쯤 너끈히 거느린다.
수컷이 얻은 사랑의 대가는 잔혹하다.
비정상적으로 작게 진화한 수컷은 혼자 살아갈 능력을 뺏기고 말았다.
암놈의 등에 붙어살며 먹이를 구걸해야 삶을 이어갈 수 있는 구차한 생애.

그러나 원망 따위는 없다.
수컷은 사랑을 잃지 않기 위해 기생충처럼 작고 비천해지는 것도 마다하지 않았다.
사랑 앞에서 존재가 얼마나 작아질 수 있는지 말이 아니라 몸으로 보여준 아귀.
사랑의 성자.
질투심 따위는 버리고 오로지 사랑만 넙죽 받아먹고 사는 내 귀여운 악마,
사랑의 기생충,
너 아귀.

폭풍의 화가 변시지

기당미술관 가는 길

올레 6코스인 천지연 생태공원 올레길을 돌아 나오니 삼매봉으로 가는 길이다. 올레 화살표와 파란 리본을 따라가면 길은 외돌개까지 이어질 것이다. 우리는 궤도에서 벗어나길 두려워하는 열차와도 같다. 늘 정해진 레일 위를 달려 종착역에 도착하려 한다. 하지만 우리는 열차가 아니고 올레길은 철로가 아니다. 길을 벗어나도 전복될 일은 없다. 바퀴가 없는 열차. 잠시 올레길 선로를 벗어나 삼매봉 도서관 쪽으로 방향을 튼다. 도서관에 들러 제주의 역사를 공부하고 가는 것도 흥미로운 여행이 될 것이다. 하지만 오늘 나그네가 가는 곳은 도서관이 아니라 미술관이다. 기당미술관. 변시지 화백의 그림이 전시된 기당미술관을 그냥 지나친다면 여행자는 제주 여행의 절반을 놓치는 셈이다.

「태풍」, 변시지 作

우성宇城 변시지 화백, 그의 화폭에는 늘 제주의 바람이 분다. 그의 그림 앞에 서면 폭풍이 몰아친다. 그래서 그는 '폭풍의 화가'로 불린다. 미국의 스미소니언박물관에는 생존한 아시아 작가 최초로 변 화백의 그림 「난무」와 「이대로 가는 길」 두 점이 상설 전시되고 있다. 또한 1997년에는 한국 화가로는 유일하게 검색포털사이트 '야후'에 의해 고흐나 피카소와 함께 세계 100대 화가에 선정되기도 했다. 제주에 살며 오로지 제주만을 그려온 변 화백의 그림은 가장 지역적인 것이 가장 세계적일 수 있음을 보여주는 명확한 증거다. 한국 화단의 중심부가 그를 제주의 향토화가 정도로 애써 무시하는 데 급급할 때, 세계적인 박물관 디렉터가 그의 진가를 알아봄으로써 그는 변방의 화가에서 일약 세계적인 거장의 반열에 올라섰다. 결국 동시대의 화가들이 다들 유럽으로 떠날 무렵 홀로 고향으로 돌아온 그의 선택이 옳았음이 입증된 것이다.

유레카! 제주의 색을 발견하다

변시지 화백은 서귀포 서홍동에서 태어나 비교적 유복하게 유년을 보냈다. 유년기에는 잠깐이지만 서당에서 한문을 공부하기도 했다. 서종택 교수는 그의 저서 『변시지』에서 "그것이 후일 서양화를 전공한 변 화백의 수묵화적 기법에 영향을 미쳤을 것이다"라고 평가

하기도 했다. 소년 변시지는 여섯 살 때 가족들과 함께 대한해협을 건너 오사카에 정착했다. 큰형은 고무 공장을 차려 가족들을 부양했다. 그는 소학교 2학년 때 씨름대회에 나가 2, 3학년 선수들을 차례로 물리쳤고 마침내 그보다 몸집이 두 배나 큰 4학년 선수와 맞붙었다. 그는 오기로 버티다 결국 모래판에 처박혀 관절이 망가졌다. 한순간의 오기 때문에 평생 다리를 절게 된 것이다. 하지만 그 사건은 소년 변시지가 그림에 몰두할 수 있는 계기가 되었다.

변시지는 1948년 일전日展과 함께 일본의 대표적 공모전인 광풍회전光風會展에 출품해 스물세 살의 어린 나이로 최연소 최고상을 받으며 일본 화단의 중심부로 진입했다. 일전의 심사위원이던 사이토 요리가 "변시지의 그림을 인정하면 대가들의 그림이 위험하다"라고 말했을 정도로 변시지는 일찍부터 재능과 독창성을 인정받았다.

그러나 변시지는 일본에서의 성공을 뒤로하고 1957년 11월 15일 서울대학교의 초정을 받아 영구히 귀국했다. 하지만 학연과 지연, 인맥으로 얽힌 한국 화단의 반목과 질시 그리고 갑작스레 일본에서 귀국한 그를 의심하여 감시하는 기관원들의 눈초리를 견디기 어려웠다. 게다가 두 번이나 국전 개혁운동을 주도하다 좌절도 겪었다. 결국 그는 고향 제주로 낙향하여 제주대학교 교수로 자리를 옮겼다. 하지만 그의 삶은 안정을 찾지 못했다. 그는 새로운 화법을 발견하기 위해 고통의 나날을 보내야 했다. 매일 술을 마시고 대취했다. 심지어 일주일 내내 입에 곡기 한번 대지 않고 술만 마시기도 했다. 그가 술에 취해 쓰러지면 동료와 제자들은 그를 화실로 옮겨다 주고 그가 그린 그림들을 훔쳐갔다. 물감이 채 마르지 않은 그림도 있었다. 그런 치사한 우정의 나날들이 갔다. 그는 끝내 견딜 수 없을 때면 바닷가 자살바위 근처를 배회하기도 했다.

그러던 어느 날 아침, 술에 취한 몸으로 깨어난 변시지 화백의 눈에 간밤에 마주 보았던 자신의 캔버스가 온통 황갈색 톤으로 보였다. 서종택 교수의 표현을 빌자면 그는 마침내 '유레카!'했다. 유레카! 나는 알아냈다! 드디어 '제주의 색'을 발견한 것이다. 하늘도 바다도 땅도, 온통 황갈색. 그것은 제주 원형의 색이었다. 그날 이후 변시지 화백의 그림에서는 하늘이나 바다도 푸른색이 아니다. 온통 황갈색이다.

미술관에 부는 폭풍

기당미술관은 변시지 화백의 그림을 아끼는 제주 출신의 재일 기업가 기당奇堂 강구범 선생이 지어서 그에게 헌정한 미술관이다. 변 화백은 미술관을 개인 소유로 하지 않고 서귀포시에 기증했다. 미술관 특별전시실에는 변시지 화백의 그림들이 상설 전시되고 있다. 전시장으로 들어서는 순간 나는 폭풍에 휩싸인 것처럼 강렬한 에너지에 압도당했다. 그의 작품 「태풍」 앞에서 나는 몇 번이나 무릎 꿇었다. 하늘도 바다도 온통 누런빛, 그의 그림은 현실이 아니다. 현실의 바다와 하늘이 아니다. 하지만 그의 바다와 하늘은 현실을 떠나 있지 않다. 나는 어느새 그의 그림 속으로 들어가 구부정한 사내로 서 있다.

「해촌」의 돌담에 둘러싸인 초가는 평화롭다. 오늘은 바람이 없어 그림 속의 사내는 모처럼 낚싯대를 드리우고 있다. 하지만 낚싯대에는 줄이 없다. 줄이 없으니 바늘도 없다. 사내는 무엇을 낚으려는 의지가 없다. 그가 낚으려는 것은 바닷속에 있지 않기 때문이다. 그의 낚시는 생의 저 깊은 심연에 거처하는 존재의 본질을 낚아 올리려는 것이다. 대체 나는 어디서 와서 어디로 가는가.

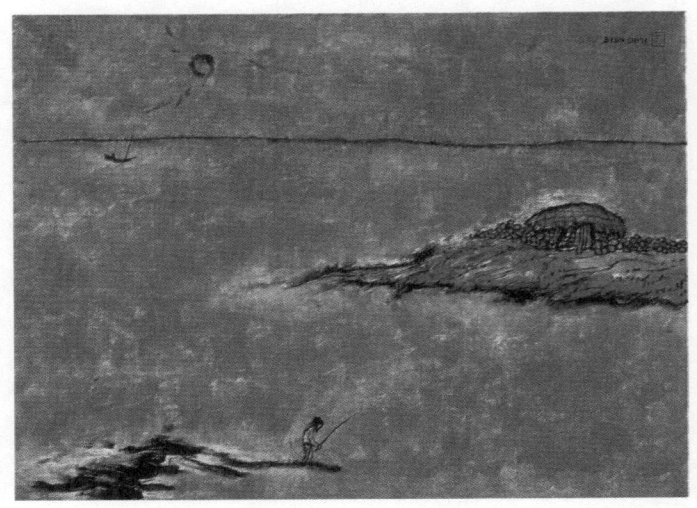

「해촌」, 변시지 作

「더불어」, 변시지 作

　「더불어」의 작은 초가 속에는 사내와 말이 들어가 있다. 사내는 화폭에 말을 담으려 하지만 말은 고개를 푹 숙이고 있다. 저 또한 그림을 그리려는 행위가 아니다. 사내가 말에게 묻는다. 너는 어디서 와서 어디로 가느냐. 자신도 모르는 답을 말에게 묻지만 말이라고 답이 있겠는가. 변시지 화백의 그림들은 대부분 강렬한 폭풍 속에 내던져진 존재의 고독을 그린다. 하지만 나는 폭풍의 풍경보다 정적인 풍경에서 더 깊은 존재의 외로움을 본다. 거대한 폭풍 앞에서는 존재가 의문을 품을 틈이 없다. 실존이 더 화급하다. 바람에 날

「한라산」, 변시지 作

리거나 파도에 휩쓸리지 않기 위해 말과 사내와 나무는 서로 기대어 섰다. 그것이 전부다. 초가 또한 날려가지 않으려는 몸부림으로 돌담 아래 고개를 처박고 있지 않은가.

「한라산」, 한라산 아래 초가. 사내는 오늘 또 부질없는 짓을 벌이고 있다. 까마귀에게도 묻는다. 너는 어디서 왔느냐? 까마귀는 무엇이라 지껄이지만 아마도 저건 딴청인 듯하다. 영리한 까마귀가 알 수 없는 질문을 못 알아들은 척 시치미를 떼고 있는 것이다. 자신은 제주 사람들이 생각하는 것처럼 영과 속을 넘나드는 영매가 아니라 그저 배고픈 날짐승일 뿐이라고. 그러니 그런 것을 알 턱이 없다고. 한낮의 태양은 한라산 마루에 걸려 이글거린다. 태양 아래 세계의 본질은 다 드러나고 비밀 따위는 없는 듯 보인다.

나는 하루에 세 번 무섭다. 해가 저물 때, 내가 잠들려 할 때, 그리고 잠에서 깰 때, 확실하다고 굳게 믿었던 것이 나를 저버리는 세 번 (중략) 허공을 향하여 문이 열리는 저 순간들이 나는 무섭다.
― 장 그르니에, 『섬』

까마귀도 그걸 이야기하려는 것일까. '멍청아, 보이는 게 다야, 존재의 비밀 따위는 없어.'

짙어가는 어둠이 그대의 목을 조이려 할 때, 한밤중 잠 깨어 나는 과

연 무슨 가치가 있는 존재인가를 가늠해볼 때, 존재하지 않는 것에 대하여 생각이 미칠 때, 잠이 그대를 돌처럼 굳어지게 할 때, 대낮은 그대를 속여 위로한다. 그러나 밤은 무대장치조차 없다.

—장 그르니에,『섬』

그런데 정말 그럴까. 생사의 비밀은 없는 것일까. 존재의 실상은 끝끝내 찾을 수 없는 것일까. 한라산에서 내려와 나는 다시 「태풍」 앞에 선다. 그림 속의 바람이 화폭을 벗어나 나에게 몰아친다. 사내의 가슴을 할퀴고 지나온 바람이 내 가슴을 뚫고 지나간다.

'폭풍의 화가' 변시지의 바람은 정물이 아니다. 활물이다. 그의 바람은 풍경이 아니라 실재다. 그는 바람을 그리되 화폭에 담지 않는다. 가두지 않는 것이다. 바람은 멈추는 순간 더 이상 바람이 아님을 잘 아는 까닭이다. 그는 단지 화폭에 바람이 지나갈 통로를 만들어준다. 그의 그림은

「폭풍의 바다」, 변시지 作

바람의 통로다. 그의 화폭이 늘 일렁이고, 바람 소리가 들리며 소나무가 흔들리며 초가집 추녀가 들썩이고, 파도가 솟구치는 것은 바람의 통로를 따라 세상의 모든 바람이 지나가기 때문이다.

노 화 백 의
사　　　랑

서귀포에서의 낮술

순전히 낮술 탓이었다. 새벽까지 술자리가 이어진 것은. 누구나 경험했겠지만 낮술은 결코 낮으로 끝나지 않는다. 점심때 표선에 있는 게스트하우스 '세화의 집'에서 시작된 술자리가 서귀포로 옮겨갔다. 아랑조을거리의 허름한 식당에서 제주올레 서명숙 이사장과 저널리스트 송준 선생, 사진작가 우종덕 선생과 나, 네 사람이 변시지 화백을 모시고 저녁 술자리를 시작했다. 우리는 변시지 화백의 건강을 염려했었는데 다행히 그는 생각보다 강건해 보였다. 주종불문, 청탁불문의 날들은 갔다. 지금은 바야흐로 막걸리 시대. 모두가 제주 막걸리의 담박한 맛에 흠뻑 빠졌다.

　　일본에서 미술학교를 다니던 1940년대 후반 도쿄의 시부야 거리에서 변시지 화백은 막걸리를 처음 먹어봤다. 그는 술에 취해

「어디로 왔다가 어디로 가는가」, 변시지 作

 양주 한 병을 사 들고 일본인 부인과 살던 조선인 친구 집에 갔다. 양주를 다 비우고 나자 그 친구가 술을 더 사겠다며 그를 조선 사람이 하는 작은 술집으로 데려갔다. 아는 사람만 가서 마시는 밀주집.
 처음 먹어본 막걸리는 부드럽고 순했다. 그래서 그는 친구가 주는 대로 다 마셨다. 술집을 나설 때까지 멀쩡했다. 하지만 전차를 타고 집으로 가는데 몸이 흔들리면서 뱃속에서 술이 돌기 시작했다. 양주와 뒤섞인 막걸리는 이상한 양주가 되었다. 술이 올라와서 도저히 눈을 뜰 수가 없었다. 결국 안내 방송을 놓쳐 교외까지 가버렸고 그날 집으로 돌아가지 못했다. 그 기억 때문에 그는 오래도록 막걸리를 멀리해왔다. 그러한 일이 일어난 것이 막걸리 탓이 아니라 양주 탓이었건만. 그러다 최근부터 막걸리를 즐겨 마시기 시작했다. 생탁인 제주 막걸리는 숙취가 없고 다음 날 힘들지 않아서 좋다며 여든다섯 살 고령의 노화백은 젊은 사람들 못지않게 잘 마신다.

엇갈린 운명, 엇갈린 사랑

취기가 오르자 문득 노화백의 첫사랑이 궁금해졌다. 짓궂은 후학들의 부추김에도 노화백은 그저 웃음으로만 비껴가신다. 그렇다고 물러설 용사들이 아니다. 일본에 살던 무렵 화백은 일본 여자와의 결혼은 생각조차 할 수 없었다고 했다. 집에서 용납하지 않았기 때문이다. 그래도 설마 연애 한번 못해봤다는 것이 가당하기나 한 일인가? 의심의 눈초리를 거두지 않자 선생은 짐짓 "젊은 사람인데 연애 한번 없었다면 이상하지" 하며 항복하신다. 왜 없었겠는가. 선생은 만나는 일본 여자가 있었다. 아름다운 발레리나였던 그녀는 그가 처음으로 가족의 반대를 무릅쓰고라도 지켜주고 싶은 여자였다. 운명이 어긋나지만 않았다면 그도 이중섭처럼 일본 여자와 살았을지도 모른다. 하지만 인연은 빗나갔고 결혼은 한국으로 귀국한 뒤 한국 여자와 했다.

　　일본에 머물던 어느 해, 그는 너무 많은 술을 마시고 그림에만

몰두하다 병을 얻었다. 그러자 형님들이 몇 개월간 온천에 요양이나 갔다 오라고 그의 등을 떠밀었다. 나중에 안 일이지만 변 화백이 온천으로 떠난 뒤 여자는 몇 번씩이나 화실을 찾아갔었다. 그러나 그때마다 문이 굳게 잠겨 있었다. 여자는 상심했다. 그녀는 소식도 없이 떠난 변 화백이 자신을 피해 잠적한 것으로 생각했다. 요양을 갔으리라고는 짐작도 못했다. 요양에서 돌아온 변 화백도 여자가 소속된 제국극장의 연습실로 몇 번을 찾아갔다. 그때마다 여자는 없었다. 운명의 장난이었다. 얼마 후 여자가 결혼했다는 소식이 들려왔다. 상심한 여자는 집안에서 정해준 남자와 서둘러 결혼해버린 것이다. 그렇게 둘의 사랑은 영영 엇갈리고 말았다.

한국으로 돌아와 결혼한 후에도 변 화백은 그녀를 잊을 수가 없었다. 책꽂이의 어떤 책 속에 여자의 사진을 숨겨두고 가끔 훔쳐봤다. 그런데 어느 날 책갈피를 들춰보니 사진이 사라지고 없었다. 아이들이 손댈 책장 높이가 아니었다. 짐작이 갔다. 아내가 변 화백의 행동을 눈치채고 있었을 것이다.

"누가 훔쳐갔겠어. 애들은 서너 살밖에 안 되었는데. 아내한테 물으니 딱 잡아떼더라고. 그런 사진 본 적 없다고. 아마 찢어 버렸을 거야."

그렇게 첫사랑의 흔적은 불길 속으로 사라져버렸다.

"지금은 아마 죽었을 테지. 나이가 많이 됐으니."

그렇다고 노화백의 가슴속에서 그녀가 사라졌을까.

"20대에 만났으니 그때의 모습이 영원히 남아 있어. 혹 살아 있더라도 안 만나는 편이 나을 것 같아. 늙은 모습을 보면 실망하지 않겠어."

노화백의 눈자위가 살짝 붉어졌다.

삶   은
외   롭   고
서 글 프 고
그 리 운   것

이 중 섭 미 술 관

이중섭미술관은 올레 6코스 서귀포 구시가지 어름에 있다. 미술관 마당 한 켠에는 이중섭의 흉상이 있고 그 아래에는 그가 서귀포에 머물던 시절에 쓴 시「소의 말」이 새겨 있다. 이중섭미술관에는 이중섭의 그림이 몇 점 되지 않는다. 하지만 이중섭이라는 이름만으로도 미술관을 찾는 행렬은 끊이지 않는다. 한국전쟁 중 이중섭은 서귀포에서 잠깐 피난 생활을 했다. 이중섭미술관 초입에는 그가 세 들어 살던 초가집이 아직 남아 있고, 그에게 방을 내주었던 주인집 새댁은 그 집에서 늙어간다.

　　이중섭은 1916년 4월 10일, 평양 인근 평원군에서 부농의 막내아들로 태어났다. 유복자였던 그는 청상과부인 어머니의 품에서 자랐고 유년기 대부분을 외가에서 보냈다. 그의 외할아버지 이진태

소 의 말

높고 뚜렷하고
참된 숨결
나려 나려 이제 여기에
곱게 나려

두북 두북 쌓이고
철철 넘치소서

삶은 외롭고
서글프고 그리운 것

아름답도다 여기에
맑게 두 눈 열고

가슴 환히
헤치다

—이중섭

는 서북 농공은행장과 초대 상공회의소 회장 등을 역임한 거물 실업가였다. 이중섭은 어려서부터 그림에 소질을 보였다. 일곱 살 때 장마당에서 외할머니가 사준 사과를 먹지 않고 집에 가져와 실물 크기로 그린 것은 유명한 일화다. 그는 민족교육의 산실이던 오산학교에 다니며 함석헌 선생에게 직접 배우기도 했다. 뒷날 이중섭 일가는 원산으로 이주했다. 그의 형은 원산 최초의 백화점 '백두'의 사장이 되었다. 일본 도쿄로 유학한 이중섭은 그곳에서 '동방의 루오'라는 명성을 얻었으며 훗날 그의 아내가 된 야마모토 마사코를 만났다.

졸업 뒤 정혼자인 마사코를 두고 원산으로 돌아온 이중섭은 최승희의 수제자 다야마 하루코, 피아니스트 서덕실 등과 잠깐 연애에 빠지기도 했다. 그러나 결국 태평양전쟁 말기에 원산으로 돌아온 마사코와 결혼했다. 마사코는 이남덕이라는 한국 이름을 새로 얻었다.

이중섭은 원산 송도원 들판에서 끊임없이 소들을 관찰하다가 종종 소도둑으로 오인을 받곤 했다. 해방이 되고 소련군이 진주하고 사회주의 정권이 들어서면서 이중섭은 환영받았지만 그의 형은 친일파로 체포되어 처형당했다. 그는 원산 여자사범학교 교사가 되었으나 사흘 만에 그만두고 고아원 교사가 되어 아이들과 어울렸다. 이때의 경험이 「군동화」를 낳았다. 생계를 위해 양계를 했고 이 경험에서 「투계도」가 나왔다. 그의 그림들은 철저하게 현실 경험에

바탕을 둔 리얼리즘 예술이었다. 그 때문에 이중섭은 소련 비평가들로부터 마티스나 피카소 수준이라는 격찬을 받았으며 원산미술가 동맹 위원장을 지내기도 했다. 하지만 사회주의 선전화를 그릴 수 없었던 이중섭은 곧 배척당했다. 한국전쟁 직후까지 원산에 머물던 이중섭은 1.4 후퇴 이후 어머니를 두고 월남했다.

  북의 원산에서 배를 타고 부산으로 피난한 이중섭은 1951년 4월, 다시 해군 경비정에 실려 제주도 서귀포로 건너왔다. 이중섭은 현치수라는 농부의 배려로 방 한 칸을 얻어 서귀포에 정착하면서 모처럼 안정을 찾고 평화를 누렸다. 그해 12월 다시 부산으로 떠나

「황소」 출처 : 이중섭미술관

기까지 체류 기간은 7개월 남짓에 불과했지만, 서귀포에서의 생활은 그가 남한에서 가족과 행복을 누린 유일한 시간이었으며 부인 이남덕과 두 아들과 함께 보낸 마지막 날들이었다.

    서귀포는 궁핍이 극에 달했으나 이중섭에게 그림에 대한 열정을 되살려준 공간이기도 했다. 서귀포에서 그는 양파를 캐는 날품을 팔거나 보리 이삭을 줍거나 게를 잡아다 먹으며 생계를 이어갔다. 그의 그림에 자주 등장하는 게를 그림의 소재로 발견한 것도 서귀포였다. 천지연 근처 해변에서 게를 잡아다 관찰한 뒤 그림을 그리고 삶아서 주린 배를 채우기도 했으니 게는 이중섭 일가의 육체와 영혼 모두를 살찌게 한 양식이었다.

이 무렵 이중섭은 고흐처럼 한라산 자락에서 발견한 까마귀를 그리기도 했다. 이중섭의 그림 「달과 까마귀」에서는 그때 그가 느꼈을 처연함이 그대로 묻어난다. 「달과 까마귀」뿐 아니라 황소를 그린 그림들에서도 나는 분출하는 남성적인 힘 이면의 처연함을 본다. 도대체 어찌해볼 수 없는 에너지를 경험해본 사람은 안다. 그 강렬함이 사실 얼마나 허약한 것인가를.

이중섭은 서귀포에서 그린 그림 세 점을 들고 월남미술작가전에 출품하기 위해 부산을 다녀오기도 했다. 본래 9월에 제주를 떠날 계획이었지만 송별회에서 술에 취해 무덤가에 잠들었다가 지네에 물려 깊은 상처를 입었다. 그 때문에 배를 놓쳐 서귀포에서 몇 달을 더 머물다 갔다.

서귀포 칠십리

저물녘이면 나그네는 자주 서귀포 이중섭미술관 아래 뜨락을 찾는다. 이 뜨락에는 노래 「서귀포 칠십리」의 안내판이 서 있다. 안내판에 달린 버튼을 누르면 구성진 가락이 흐른다. 나그네는 하염없이 앉아 노래를 듣는다.

"바닷물이 철썩철썩 파도치는 서귀포
진주 캐는 아가씨는 어디로 갔나.
휘파람도 그리워라 뱃노래도 그리워
서귀포 칠십리에 황혼이 온다."

노래는 1934년 6월 조명암 시인이 제주를 여행하고 나서 쓴 시에 박시춘이 곡을 붙였고 1943년에 남인수가 불렀다. 이 음반은 나오자마자 일본 제국에 대한 저항가요로 낙인찍혀 금지곡이 되었다. 해방 후에는 조명암이 월북했다는 이유로 반세기도 넘게 또 금지곡으로 묶여 있었다. 1993년 민간 정부가 들어선 뒤에야 비로소 해금됐다. 나그네는 오늘도 이중섭미술관 뜨락에 앉아 애수에 젖는다. 어느덧 서귀포 칠십리에 황혼이 깃든다.

| 이중섭미술관 가는 길 |

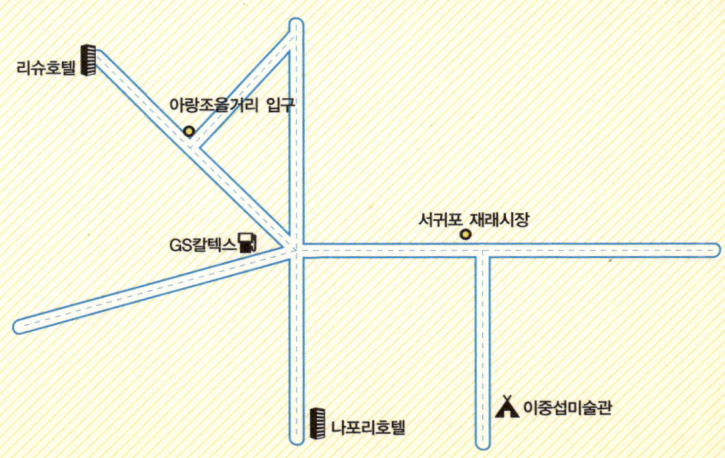

흰　　　동　　백
피　　　었　　다
지　　　　　　네

꽃은 식물의 성기다

요즈음 서귀포는 비가 오거나 흐린 날이 많다. 따뜻한 기운이 찬 기운과 전투 중이다. 승자는 불 보듯 환하다. 싸움의 결과를 먼저 알아챈 것은 꽃들이다. 이제 본격적인 꽃 시절이 도래했다.

올레 6코스는 서귀포 구시가지 이중섭미술관을 통과한다. 미술관은 항상 여행자들로 붐빈다. 하지만 미술관 벽에 걸린 죽은 꽃 앞에서는 오래 서 있는 여행자들이 살아 있는 꽃, 미술관 뜨락의 그림들 앞에서는 좀처럼 긴 시간을 허락하려 하지 않는다.

한동안 미술관 뜨락에 동백과 유채, 수선화가 만개하더니 오늘은 드디어 매화까지 꽃망울을 터뜨렸다. 서둘러 핀 매화가 가상하기는 하지만 실상 나는 여전히 매화보다는 동백을 사랑한다. 그 중에서도 소복의 여인처럼 처연한 흰 동백을 지극히 편애한다. 반쯤 벌어진 흰 동백은 나를 꽃 속으로 들어오라 손짓한다. 꽃은 식물의 성기다. 식물은 자신의 성기를 부끄러워하지 않는다. 오히려 드러내놓고 유혹한다. 나는 애가 타서 안달이 난다.

흰 동백, 저토록 처연하면서도 고혹적인 흰 빛은 대체 어디서 오는 것일까. 내가 동박새나 나비가 아닌 것을 이토록 후회해본 적은 결코 없었다. 당장에라도 저 흰 꽃잎 속으로 날아 들어가고 싶지만 애달파라, 그저 견딜 뿐 무슨 방도가 또 있으리……

도대체 이처럼 저 꽃들에 매혹당하는 이유는 무엇일까. 그것은 색채 때문이기도 하지만 주범은 향기다. 사람이 꽃향기에 흥분하는 것은 꽃이 활발한 생식 활동을 하고 있다는 증거다.

꽃향기는 온 세계를 향해 "나는 생식 능력이 있고 준비되어 있으며, 가져볼 만하고. 나의 생식 기관은 축축하게 젖어 있다"(다이앤 애커먼, 『감각의 박물학』)라고 선언한다. 어떤 난초들은 암컷 벌이나 딱정벌레의 생식기를 닮은 모습으로 꽃을 피우기도 한다. 그 모양을 보고 수컷들이 달려들어 교미하려 할 때 꽃가루받이가 이루어지는 것이다. 그러고 보니 제주도 유배객 추사가 그토록 아끼고 사랑했던 저 수선화의 생김도 무언가의 성기를 닮았다.

서귀포 앞바다 문섬을 건너온 따뜻한 바람이 미술관 뜨락을 애무하고 지나간다. 이중섭 거주지 추녀 밑으로 저녁이 깃든다. 꽃 시절은 짧다. 꽃이 피는가 싶더니 어느새 꽃이 지고, 봄이 오는가 싶더니 봄은 늘 간곳없다. 그래도 꽃은 피었다 지고 또 피어나는데 사

람은 한번 가면 다시 오지 못한다. 내 생애의 남은 날들은 얼마쯤일까. 누가 짐작이나 할 수 있으리. 나 청춘을 떠나온 지 오래니 이제 남은 날들은 빛의 속도로 흘러가고 말 것이다.

한번 피었다 시들면 다시 필 수 없는 사람에게 해마다 부활하는 꽃의 생리는 분명히 경이롭고 시샘 나는 일이다. T.S.엘리엇이 「황무지」에서 "4월은 가장 잔인한 달"이라고 탄식한 것도 "죽은 땅에서 라일락을 피워낸다"는 이유 때문이었다. 재생 불가능한 운명을 타고난 사람이 죽음의 땅에서 부활하는 풀, 나무, 꽃의 모습을 지켜보는 일은 고통스럽다. 그래서였을 것이다. 오래전 나도 저 흰 동백 앞에서 탄식의 노래를 부른 적이 있다.

비 가 悲 歌

배는 떠나고
흰 동백 피었다 지네

배는 떠나고
사랑은 가고 오지 않네

바람아 불어라
폭풍우 몰아쳐라

배는 떠나고
한번 간 내 사랑 돌아오지 않네

배는 떠나고
흰 동백 피었다 지네

비구니 스님들 올레길에 취하다

중이 염불이 나와야 하는데 자꾸 노래가 나오네

비구니 스님들이 산에서 내려왔다. 두 스님을 부른 것은 올레길이다. 경상북도 청도 호거산 아래 천년고찰, 운문사에서 온 스님들. 운문사는 한국에서 가장 큰 비구니 승가대학교가 있는 절이다. 진광 스님은 운문사 승가대학교의 강사 스님, 세속으로 따지면 교수님이다. 대학원에서 미술사와 동양철학을 전공한 철학박사 학승이다. 함께 온 현우 스님은 그의 제자다. 겨울 방학이 시작되자 진광 스님은 주저 없이 걸망을 메고 바다를 건넜다. 진작부터 올레길을 걷기 위해 기다렸던 터다. 현우 스님은 늦은 나이에 출가해 이제 겨우 사미니계를 받은 예비승이다. 그는 카이스트에서 물리학과 박사를 마친 뒤 미국 유학에서는 전자공학을 공부했다. 하지만 절에서는 초보에 지나지 않는다. 올해 승가대학교 입학을 앞두고 스승을 따라

벗할 수 없다면 참다운 스승이 아니고, 스승으로 삼을 수 없다면 참다운 벗이 아니다.

— 이탁오

나섰다. 5박 6일 일정으로 제주에 온 지 3일째, 두 스님은 벌써 올레 7, 8, 9, 세 코스나 걸었다. 오늘은 서귀포 기당미술관에서 변시지 화백의 그림을 보고 표선 쪽으로 갈 예정이다.

    진광 스님은 올레 8코스 숲길에서 제주 바다를 바라볼 때 가장 행복했다. 스님은 "8코스 강추"라고 말하고는 환하게 웃는다. 올레 9코스 숲길의 수선화 향기에도 반했다. 예전에도 자주 제주에 왔지만 늘 자동차만 타고 다녀서 감동이 없었다. 이렇게 아름다운 제주가 곳곳에 숨어 있을 줄은 상상도 못했다. 꿈속을 걷는 듯한 느낌이 들었다. 제법 무거운 걸망을 메고 매일 여섯 시간씩을 걸었지만 피곤한 줄도 몰랐다. 정해진 데로 가지 않고, 가서 멈추는 곳에 쉬었다. 그야말로 자유로운 여행이었다. 해변 아무 곳에나 너부러져 노래하고 눕기도 했다. 올레 9코스 숲길에서는 아무도 보이지 않아 「산타루치아」를 큰 소리로 불렀다. 그런데 잠시 후 올레꾼 네 명이 뒤따라와 스님의 노래를 들으면서 왔다며 한 번 더 듣고 싶다고 청해 얼굴이 빨개지기도 했다. 노래가 절로 나오는 것을 어쩌랴.

"중이 염불이 나와야 하는데 자꾸 노래가 나오네!"

그래도 스님은 마냥 흥겹다.

"중물 빼느라고 그런 모양이에요. 중물이, 먹물이 들면 너무 빳빳해서 못쓰거든요. 그래서 중물이 빠지느라 자꾸 노래가 나오나 봐요."

스승은 30년 넘게 '중물'이 들었으니 뺄 때가 됐지만 제자는 이제 겨우 1년, 오히려 중물이 들어야 할 참이다.

'나는 노래가 나와도 제자는 염불이 나와야 될 텐데" 하면서 진광 스님이 웃는다. 스님은 올레길이 중물을 쏙 빼줘서 많이 부드러워지셨단다. 진한 먹물이 아니라 햇빛과 바람에 바래서 편안한 빛깔이 된 것이다. 먹물이 빠진 대신 올레길에 만난 고운 인연에 물들고 노을빛에도 물들었다.

"현우야, 너는 중물 제대로 들어야 한다. 고집불통, 이상한 중물 들면 안 돼."

제자는 머리를 끄덕인다. 진광 스님은 해마다 방학 때나 혹은 업무차 많은 여행을 다녔다. 미국, 인도, 네팔, 티베트, 몽골, 바이칼, 쿠바, 태국, 호주, 베트남, 일본 등으로 운수행각을 다녔다. 국내도 안 가본 곳이 거의 없다. 하지만 이번 올레길을 걸으면서 어느 나라보다 제주가 아름답다는 사실을 깨달았다.

"이보다 아름다운 곳이 세상 어디에 있을까요."

카리브 해의 물빛보다 더 푸르른…

제주의 물빛은 쿠바에서 본 카리브 해의 물빛보다 푸르렀다. 일본은 인공적이고 인위적인 느낌이 너무 강한데 제주올레는 자연스러운 미美가 있다. 진광 스님은 4대 강 사업으로 파헤쳐질 강들이 안타까워 낙동강 길을 몇 번씩 걷기도 했다. 강 주변은 이미 녹색 생태공원을 조성한다는 명분으로 파괴되고 있었다. 생태공원들이 너무 반생태적이었다. 그에 비해 제주올레는 너무도 자연스러웠다. 4대 강 사업으로 강을 파헤치는 대신 강을 따라 걸을 수 있는 강변길이나 조성한다면 얼마나 좋을까 싶다.

진광 스님은 바닷길을 걸은 것이 처음이다. 늘 산길만을 다녔다. 물을 무서워하는 성품 탓이다. 그래서 오롯이 바다를 바라본 적도 없었다. 그런데 이번에 올레길을 걸으며 바다에 대한 두려움도 많이 떨쳐냈다. 해변에 앉아 있으면 노래가 절로 나왔다. 동요와 가곡, 외국 민요들, 벌써 30년도 전에 속가에 있을 때 배웠던 노래들이 고스란히 기억에서 되살아났다.

"출렁출렁 배 저어라. 저 먼 곳 그곳을 향해……."

「고향 바다」를 부르고 「돌아오라 소렌토로」, 「호프만의 뱃노래」도 불렀다. 자연과 교감을 하니 노래가 절로 흘러나왔다. 사람의 소리 중 노래야말로 자연과 가장 가까운 소리다. 햇빛 부서지는 바다가 바다별처럼 예뻤다. 파도가 철썩이는 것은 지구가 숨 쉬는 것 같았다. 바다에 와서 비로소 지구의 숨소리를 들은 것이다. 스님은 올레길을 걸으며 비로소 제주의 본모습을 보고 느꼈다. 스님은 곧 산으로 돌아가더라도 머잖아 다시 올레길을 찾을 것 같다고 고백했다. 아마 스님은 올레길을 떠올릴 때마다 내내 가슴이 뛸 것이다.

서 귀 포 의
밤

제주의 유별난 국수 사랑

서귀포의 술자리는 그 끝이 항상 국숫집이다. 3차, 4차까지 이어진 술자리의 종착역. 양주를 마시고 온 사람들도 마지막은 국숫집에서 마무리를 한다. 제주 사람들의 국수 사랑은 조금 유별난 데가 있다. 상시로 고기국수나 멸치국수를 안주로 술을 마시는 지역은 제주를 제외하고 어디에도 없을 것이다. 제주에서 국수는 밥인 동시에 안주다. 고기국수는 돼지 뼈를 우린 국물에 말아내니 해장국처럼 안주로써 손색이 없는 까닭이기도 할 터. 거기다 고명으로 얹어주는 돼지고기 수육 또한 좋은 안줏거리니.

초저녁 저녁식사를 위해 동문로터리 부

근 국숫집 '고향생각'에 들렀다. 노부부가 운영하는 국숫집은 비좁다. 작은 탁자 네 개가 전부. 하지만 국수 맛은 널리 소문이 났다. 곁들여 나오는 배추김치와 파김치도 맛깔스럽다. 거기에 풋고추와 된장, 새우젓도 짜지 않고 고소하다. 서명숙 이사장은 양이 너무 많다고 불평하면서도 꼭 이 국숫집만 찾는다. 양을 줄여달라고 주인 할머니에게 몇 번이나 건의했지만 거절당했다. 음식은 풍성해야 한다는 것이 주인의 철학인 것을 어쩌랴. 그나마 건의가 조금은 먹혀 이제 여자들에게는 양을 조금 적게 내주는 걸로 위안 삼는다. 사실 장정인 내가 먹기에도 양이 많다.

실상 서귀포 국숫집들의 맛은 대동소이하다. 그만큼 이 지역에서 국수가 보편적인 음식인 탓이다. 제주의 국수는 면에서 다른 지방의 국수와 차이가 있다. 대체로 많은 지방에서 국수는 소면이다. 하지만 제주도는 면이 굵은 중면을 쓴다. 나처럼 게으른 사람은 후루룩 마실 수 있는 소면을 좋아하지만 어쩌랴. 이곳의 풍습이니. 그래도 이제는 중면에도 제법 익숙해졌다. 모든 것이 습관 들이기 나름이다.

예부터 제주도가 국수로 유명했던 것은 아니다. 제주 땅에서는 밀도 쌀처럼 귀한 곡물이었다. 그것은 육지에서도 마찬가지였다. 예전에 국수는 잔칫집에서나 맛볼 수 있던 귀물이었다. 제주도에 국수 문화가 자리 잡은 것은 한국전쟁 이후 근대화 과정에서 원조를 통해 밀가루가 보급되면서부터다. 나는 고기를 먹지 않으니 이 집 고기국수의 맛은 알 수 없지만, 하루 정도 돼지 뼈를 푹 우려낸 고기국수의 국물을 맛본 사람들은 진국이라며 칭찬을 아끼지 않는다. 내 몫인 멸치국수도 진국이기는 마찬가지. 일행은 국수를 안주 삼아 막걸리를 마신다.

오늘은 서명숙 이사장과 올레 갤러리 전시를 하러 사천에서 온 한생곤 화백, 나 이렇게 셋이서 국수를 안주로 막걸리를 마신다. 그런데 옆자리에 앉은 사내가 자꾸 기웃거린다. 알고 보니 올레길 개장 행사에서 서명숙 이사장과 인사를 했던 사이다. 사내는 애월 출신인데 지금은 제주시에 산다. 사내는 최근에 일본을 다녀왔다. 제주 사람 중 일본에 친인척이 없는 사람은 거의 없다.

"오사카에 사는 형님의 초청으로 일본에 갔다 와신디 거기도 올레길을 만든다고 난리우다."

오사카 시장이 제주를 방문해 올레길을 걸어보더니 올레길에 홀딱 반해서 오사카에도 길을 내고 있다는 것이다.

"형님 말이 오사카 시장이 올레길 때문에 돌아부렀댄 햄수다. 아스팔트를 파헤치고 아주 미쳐부렀댄 햄수다."

아스팔트 포장까지 걷어내고 흙길을 만든다니 정말 오사카 시장이 올레길에 미치긴 제대로 미친 모양이다.

그동안 우리 문화는 늘 일본을 모방하기에 급급했다. 그런데 이제 일본인들이 한국에서 창안된 올레길이라는 문화를 모방하기 시작한 것이다. 2010년 3월 시코쿠 관광청의 초청으로 제주올레

사무국은 일본을 방문했다. 시코쿠에는 1200킬로미터의 사찰 순례 길이 있지만 대부분이 포장된 찻길이라 위험하기 그지없다. 올레길에 감동한 시코쿠 관광청에서 제주올레 사무국에 사찰 순례길 일부 구간을 시범적으로 개척해달라는 요청을 해온 것이다.

이 소식을 전해준 사내는 애월의 '양치비 족은 가지' 종손이다. 제주 토착 세력인 고양부의 양씨, 작은 갈래 종갓집 종손이니 지역의 유력자다.

"사장님은 올레길 사장님이지만 나는 애월읍 사장이요. 내가 형제간에 다 좌지우지햄수다."

사내는 한라산 소주 반병에 벌써 거나해졌다. 사내는 일어서고 우리는 다시 막걸리를 마신다. 고추 하나를 된장에 찍었다. "카아~" 청양고추다. 맵다. 입에 불이 난다. 국물을 떠 넣고 물을 마셔도 입속의 불은 꺼지지 않는다. 당연하다. 물은 기름과 섞이지 않으니 물로는 고추의 매운맛을 희석시킬 수 없다. 이런 때는 맨밥을 먹어야 매운맛이 줄어든다. "여기 공깃밥 하나요." 그렇게 국숫집 고향생각의 밤이 깊어간다.

02

올레길 위의 사랑

만약 젊은 날의 충동적인 행위에 스스로 이유를 붙일 수 있거나 객관화시킬 수 있는 사람이 있다면 나는 그를 사랑하지 않을 것이다.

— 후지와라 신야

여 행 자 의
사　　랑　　은
불　가　능　이
없　　　　　다

15세 소년 선장 연대기

법환포구 간판도 없는 주막집에 들러 막걸리 한잔을 마신다. 제주 막걸리는 전국의 수많은 막걸리 중에서도 그 맛이 윗길에 속한다. 무엇보다 달지 않아서 좋다. 탁자 하나와 평상 하나뿐인 주막. 주인 이름을 따 올레꾼들은 이 주막집을 '애란 카페'라 부른다.

　　나는 차돌처럼 단단하게 생긴 사내와 마주 앉았다. 김성일, 사내는 카페 주인의 오라비다. 나는 이곳 애란 카페에서 올레 탐사대장인 서동철 형의 소개를 받아 사내를 처음 만났다. 형이 좋아하는 후배라는 사내가 나도 금세 좋아졌다.

　　추자도에서 활어잡이 배를 운영하는 선주 겸 선장인 사내는 잠시 가족들이 사는 법환 마을에 다니러 왔다. 그곳이 터전이지만 어장이 있는 추자도에서 더 많은 시간을 보낸다. 사내는 오늘 아내와 함께 서귀포 시내에서부터 올레길을 걸어왔다. 어려서 늘 다니던 길이지만 걸을 때마다 새롭다.

　　사내는 소년 선장 출신이다. 세상에! 사내는 열다섯 살에 선주 겸 선장이 되었다. 돛단배를 타고 고기잡이하러 다니던 시절, 외가인 법환 마을에 살던 소년은 어려서부터 외삼촌의 배를 타고 바다를 누볐다. 외삼촌은 "너는 커서 큰 배 선장이 되라"라고 말하며 소년에게 돛단배의 키잡이를 맡기곤 했다. 어린 소년은 키를 잡고 잠들어버려 혼나는 일도 있었다. 외삼촌은 막걸리 주전자를 싣고 대나무 도시락에 밥을 싸 가지고 다니며 자리돔이나 뻥에돔, 북바리(별우럭), 방어 등을 잡았다. 소년은 외삼촌 어깨너머로 배를 다루고 고기 잡는 기술을 배웠다.

　　반항아였던 소년은 중학교 1학년 때 학교에서 말썽을 일으켜 자퇴했다. 스스로 학교를 그만둔 것이 아니라 학교에서 못 오게 해서 안 간 것이니 정확히 말하자면 권고 자퇴다. 하지만 소년은 애초에 학교 따위에는 미련이 없었다. '학교 아니면 밥 못 먹나' 싶어 선뜻 학교를 그만두고 1년 남짓 외삼촌의 배를 탔다.

아 내 가　셋 이 었 던　아 버 지

소년의 아버지도 뱃사람이었다. 화물선을 두 척이나 소유한 선주

겸 선장. 아버지는 바람기 가득한 마도로스. 제주에 둘, 일본에 하나, 아내가 셋이나 됐다. 알려지지 않은 로맨스는 수도 없이 많을 것이다. 과거 제주에서는 아주 약골이라도 아내를 두셋 두는 경우가 흔했고 아무도 그것을 이상하게 여기지 않았다. 물고기 밥이 된 남자들이 많다 보니 제주에는 혼자가 된 여자도 많았다. 혼자가 된 여자들은 생존을 위해 결혼했다. 그래서 일부다처의 풍습이 지탄의 대상이 되지 않은 것이다. 심지어 열 명 이상의 아내를 거느린 남자들도 있었다. 사내는 "아방이 아프리카에 가시민 꺼멍 어멍도 하나 있었을 거신디"라며 껄껄 웃는다.

혼자서도 배를 부리고 어로를 할 자신이 생기자 15세 소년은 대뜸 "어멍, 배 하나 사줍서"라고 말했다. 어머니는 1.5톤짜리 기관배를 선뜻 사주었다. 그날부터 소년은 선장이 되어 고기를 잡으러 다녔다. 날마다 만선. 하지만 소년은 친구들이 그리웠다. 그래서 낮에는 고기잡이를 하고 저녁에는 서귀포 시내로 놀러 다녔다. 그러다 패싸움에 휘말려 소년원에 갔다.

3개월 만에 감옥에서 나온 소년은 다시 배를 탔다. 그렇게 1년쯤 지났을 때 '강정천 사건'에 휘말렸다. 강정천은 강정 마을, 악근천은 법환 마을의 소유였다. 오랜 세월 주민들은 각자의 하천변에서 여름 한철 피서객 상대로 장사를 했다. 그런데 법환 마을 청년들이 강정천을 침범해버렸다. 이해관계가 걸렸을 때 마을의 경계는 국경보다 삼엄하다. 그것은 불법 월경이었다. 양쪽 마을 사람들 간에 격렬한 '전투'가 벌어졌다. 소주병과 맥주병 수천 개가 깨지고 유혈이 낭자했다. 소년은 이 사건의 주동자였다. 경찰이 들이닥치자 그는 도망자 신세가 되었다. 강원도 삼척으로 숨어들었다. 그곳에서 선주로 있던 이모부 배의 선장으로 일했다. 뱃일은 거칠었고 풍랑이 거센 동해는 시시각각 선원들의 목숨을 위협했다.

죽음의 바다를 건너

1979년 겨울, 훌쩍 커버린 사내는 삼척 앞바다에서 멸치를 잡는 중이었다. 아침에 만선하여 포구에 고기를 내려놓고 두 번째 나선 길이었다. 그런데 갑자기 스크류에 그물이 걸렸다. 배는 오도 가도 못했다. 마침 선장인 사내가 이모부에게 키를 맡기고 망대에 올라 멸치 떼의 움직임을 쫓고 있던 참이었다. 사내는 서둘러 갑판으로 내려왔다. 집채만 한 파도가 들썩이는 바다. 자칫하면 파도에 배가 뒤집힐 수도 있는 상황이었다. 눈은 엄청나게 쏟아지는 데다 파도는 태산만큼 치니 바다에 들어갈 사람이 하나도 없었다.

　　사내는 팬티만 입은 채 손칼 하나 들고 차디찬 겨울 바다의 파도 속으로 첨벙 뛰어들었다. 그리고 가까스로 그물을 잘라냈다. 그런데 생각지 않은 문제에 봉착했다. 파도를 가로질러야 할 배가 파도와 나란히 서게 된 것이다. 몰려오는 어마어마한 파도 한방을 정

면으로 맞은 배는 그 대로 뒤집혀버렸다.

사내는 사력을 다해 거대한 파도 속을 헤엄쳤다. 너무 추웠다. 마침 배에 벗어 두었던 야전잠바가 물 위를 둥둥 떠다니고 있었다. 사내는 야전잠바를 주워 입고 헤엄을 쳤다. 구조선의 눈에 띄기를 기원하며 뭍의 반대 방향으로 헤엄쳤다. 파도가 치는데 뭍으로 가면 파도에 내던져져서 가루가 될 수도 있었다. 열심히 헤엄을 쳤지만 무거운 잠바를 입고 있어서 앞으로 나가지를 못했다. 그렇게 열 시간 남짓 물 위에 떠 있었다. 그러다 어느 순간 큰 파도를 맞고 기절해버렸다. 눈을 뜨니 사람들 모습이 희미하게 보였다. 어렴풋이 군용 트럭도 몇 대 보였다. 파도에 떠밀려온 사내를 해안근무 중이던 군인들이 발견했던 것이다. 삼척 아래 근덕해수욕장 백사장이었다.

쌍칼을 차고 다니던 시절

군인들은 모포 수십 장을 사내의 몸 위에 덮고 연신 뜨거운 물을 퍼부었다. 사내는 그렇게 죽음 근처에서 빠져나왔다. 야전잠바가 추위를 막아주고 구명조끼 역할까지 했던 것이다. 같은 배에 함께 탔던 선원 네 명도 백사장으로 표류해 사내보다 먼저 구조되었다. 사내가 탔던 배도 파손되어 떠밀려 와 있었다. 헤엄을 잘 치는 까닭에 사내는 생고생을 했다. "바당에선 헤엄 잘 치는 사람이 죽은다. 사고 나면 살아보젠 발버둥 치다 죽은다." 오히려 헤엄이 서툰 사람이 살아날 가능성이 크다. 선체든 판자 조각이든 무언가를 붙들고 있으면서 기력을 보존해 오래 버틸 수 있기 때문이다. 그날 이후 사내는 바다에 다니는 사람은 살이 좀 있어야겠다는 생각을 하게 됐다. 지방이 많아야 물에 빠져도 체온 유지가 된다고 생각한 것이다. 그래서 한동안 돼지비계를 엄청 먹었다. 그랬더니 "혈압만 허벌나게 높아져부렀다."

사내의 이모는 삼척에 물질하러 간 해녀였는데 그곳에서 선주인 이모부와 눈이 맞아 정착했다. 도망자인 사내가 수배망을 피한 것은 이모부의 친척이 경찰서의 고위직에 있었기 때문이다. 사내가 처음 삼척에 갔을 때 이모부 배의 어법은 너무도 원시적이었다. 제주는 어느 지역보다 어업 기술이 발전한 고장이다. 사내는 제주의 어법을 이모부의 배에 이전했다. 제주식 그물을 직접 만들어 사용하니 날마다 풍어였다. 사내의 재주에 욕심을 낸 선주들이 너나 할 것 없이 "내 딸을 줄 테니 나랑 배하고 살자"라고 말할 정도로 사내는 인기가 많았다. 제주 말을 신기하게 여긴 처녀들도 사내를 많이 따르고 좋아했다.

　　험하게 살아온 사내의 몸 곳곳에는 문신과 칼자국이 수두룩했다. 그러니 여름철에 옷을 벗고 부두에서 작업이라도 하고 있으면 동네 깡패들이 시비를 걸곤 했다. 도망자 몸이라 사내는 싸움을 피하려 했지만 쉽지 않았다. 한번은 쪽파밭에서 싸우다 밭 전체를 망가뜨려 이모부가 쪽파 값을 대신 물어주기도 했다. 늘 목숨의 위협을 느낀 사내는 항상 양쪽 발목에 압박붕대로 감싼 칼을 두 개나 지니고 다녔다. 징그럽게 고생스러웠지만 사내는 그 시절이 지금도 그립다.

모든 것을 잃고

1980년 5월, 사내는 잠시 광주에 내려갔다. 5월 18일, 간호사로 일하는 친구의 여동생을 만나러 어느 병원에 들렀다. 그런데 갑자기 계엄령이 내려져 거리가 순식간에 계엄군의 점령하에 들어갔다. 도망자 신세였던 사내는 20여 일을 병원에 숨어 있다가 광주를 탈출해 제주로 잠입했다. 조심스레 법환 마을을 찾아갔더니 집에는 이미 형사가 와 있었다. 그때는 잡히면 바로 삼청교육대로 끌려가 죽을 수도 있었다. 사내는 곧바로 제주를 탈출해 삼척으로 돌아갔다. 강원도에서 3년 6개월을 숨어 살다 보니 자꾸 고향이 그리워졌다.

자포자기 심정으로 제주에 돌아온 사내는 모슬포선적의 어선 기관장으로 일했다. 그러다 결국 경찰에 잡혔지만 다행히 벌금을 내고 풀려났다. 사내는 고향에서 뱃일을 새로 시작했다. 12톤짜리 어선 천룡호를 사서 동중국해로 옥돔과 갈치를 잡으러 다녔다. 자망(걸그물)도 하고 주낙도 했다. 1980년대 후반 사내는 고기잡이로 5억을 모았다.

그러던 어느 날 사내가 거제도 장승포 앞바다에서 8개월 동안 갈치잡이를 하고 제주로 돌아왔는데 5억이 들어 있던 통장에 돈이 한 푼도 남아 있지 않았다. 결혼해 살던 첫 번째 부인이 도박으로 다 탕진해버린 것이다. 아이를 둘씩이나 낳았지만 사내는 늘 바다에서 생활했기 때문에 부부는 대부분의 시간을 떨어져 지냈다. 그 사이에 아내가 도박의 수렁에 빠져버린 것이다. 사내가 가족들을 먹여 살리겠다고 목숨 걸고 번 돈이었다. 사내는 도저히 아내를 용서할 수 없었다. 게다가 아내는 돈을 다 잃어버리고도 여전히 도박판을 드나들었다.

아내의 도박 현장을 잡기 위해 사내는 며칠을 잠복했다. 마침내 도박장을 찾아낸 사내는 후배 둘과 야구 방망이를 하나씩 든 채 도박판을 급습했다. 물론 그전에 파출소에다 도박판을 찾았으니 언제까지 와달라고 전화를 해두었다. 사내 일행은 도박판에 있던 열 명 정도의 여자들 머리카락을 다 잘라버리고 도박장 주인을 비롯한 스무 명의 도박꾼들에게 무차별적으로 방망이를 휘둘렀다. 다들 실신할 정도로 맞았다. 사내의 부인도 입원했다. 퇴원한 아내는 돈을 벌어서 갚겠다는 편지를 남기고 집을 나갔다.

세상의 자식은 모두 불효자다

사내는 다시 돈을 벌기 위해 동중국해로 나갔다. 출어 때마다 목숨을 걸어야 할 정도로 바다는 험악했다. 거친 파도에 몸서리를 치기도 했지만 그보다 두려운 것은 중국 어선이었다. 사내의 배는 강화 플라스틱선FRP이라 선체가 약했다. 그런데 철선으로 된 중국 어선들이 한국 어선을 만나면 무조건 들이받아 버렸다. 그러면 철선에 받힌 한국 어선들은 순식간에 파선되고 말았다. 선장인 사내는 중국 어선의 공격을 피하기 위해 잠도 못 자고 내내 레이더만 쳐다보고 있어야 했다. 그렇게 며칠씩 잠을 못 자고 조업을 하다 보면 꼭 죽을 것만 같았다. 그때마다 사내는 이번에 살아 돌아가면 다시는 바닷일을 하지 않겠다고 결심했다. 하지만 배운 게 도둑질이라고 귀항한 후에는 그 결심을 까맣게 잊고 다시 바다로 나가곤 했다.

두 번째 결혼은 사내와 여자 모두 재혼이었다. 여자에게도 아이가 있고 사내에게도 아이가 있었다. 아이들 문제로 갈등이 불거졌다. 이번에는 사내가 집을 나가버렸다.

두 번씩이나 결혼생활에 실패한 사내는 동네 사람 보기가 부

끄러웠다. 그래서 큰 배를 처분하고 8톤짜리 활어 배를 사서 추자도로 들어갔다. 일종의 은둔이었다. 그때 이후로 쭉 추자도에서 활어잡이를 해오고 있다. 사내가 갈치잡이를 포기한 데에는 작업 칼로 갈치 미끼를 자르다 손바닥의 근육까지 자른 것이 한몫했다. 지금도 사내의 손바닥은 온통 상처투성이다. 삶이 순탄하지 않다 보니 아이들은 여동생과 어머니가 키웠다. 이제 사내는 어머니에게 효도하며 살려고 한다. 어머니가 돌아가시면 못해도 한 달 동안은 울 것 같다. 워낙 불효막심하게 살아온 탓이다. 사내뿐이랴. 자식은 태어나는 순간부터 죄인이다. 부모의 혈관에 빨대를 꽂고 살아가는 세상의 자식은 모두 불효자식이다.

미녀와 야수

사내는 천상 뱃사람답게 강인한 인상이지만 실상은 마음 여린 로맨티시스트다. 중학교 1학년 다닌 것이 학력의 전부인 사내가 대학원을 졸업한 연하의 띠동갑 아내와 살게 된 것도 한 편의 로맨틱 드라마다. 사내의 아내는 무척 아름답고 차분한 반면 사내는 저돌적인 인상을 풍긴다. 그래서 서동철 형은 사내를 '도새기'(돼지)라 부르며 놀린다. 그것도 순한 집돼지가 아니라 두려움 없이 돌진하는 멧돼지 같다는 것이다. 사내와 아내가 함께 있는 모습을 본 사람들은 누

구나 '미녀와 야수'라는 표현에 동감한다. 게다가 아내는 첫 번째 결혼인데 사내는 세 번째 결혼이다.

사내가 아내를 처음 만난 것은 10여 년 전, 아내가 제주에 여행을 왔을 때였다. 사내가 차를 몰고 1100도로를 지나는데 웬 여자가 차를 태워달라고 손을 들었다. 두 번의 결혼에 실패하고 혼자였던 사내는 여자에게 마음을 빼앗겼다. 그날부터 일을 작파하고 여자의 가이드를 자처했다. 여자가 부산의 집으로 돌아간 뒤 사내는 휴대폰 문자 보내는 법을 이틀 동안이나 연습해서 마스터했다.

그날부터 여자와 사내는 문자로 연락을 주고받았다. 5년 동안 둘은 부산과 제주를 오가며 만났다. 사내는 여자에게 지극정성으로 그녀가 원하는 모든 것을 다 들어줬다. 그러면서 아무것도 요구하지 않았다. 그렇게 5년을 만나면서도 여자의 손목 한번 잡지 않았으니! 그렇다고 여자가 눈치를 못 챘겠는가. 남녀 간에는 말을 꺼내지 않아도 두 사람만 아는 공공연한 비밀이라는 것이 있다. 물론 공론화시키지 않았으니 둘은 비공식 연인이었던 것이겠지. 사내의 복종은 사내가 여자를 더 사랑한다는 증거였다. 그렇지 않은가. 연인들 사이에서는 조금이라도 더 사랑하는 사람이 언제나 약자다.

순정한 사내는 그 진리를 잘 알고 있었고 5년째 되던 해 비로소 여자에게 좋아한다는 고백을 했다. 이때도 '사랑한다'도 아니고 기껏 '좋아한다'라니! 여자는 망설임 없이 사내의 고백을 받아들였다. 여자도 기다렸던 것이다. 그렇게 둘은 부부가 되었고 그렇게 5년이 흘렀다.

　여행지에서의 사랑은 불가능이 없다. 어떠한 조건이나 난관도 문제가 되지 않는다. 여행 중에 만나는 사람은 누구나 평등하기 때문이다. 이방인이건 토착민이건 누구나 여행자다. 여행지에서의 사랑은 즉흥적이고 충동적이지만 그것은 또한 사랑의 본성에 가장 충실한 것이기도 하다. 조건에 대한 사랑이 아닌 사람 자체에 대한 사랑. 사내의 순정이 사랑을 완성했다. 하지만 사랑의 시작은 여행자와의 만남이었기에 가능했다.

| 애란 카페 찾아가는 길 |

가파도의
로미오와
줄리엣

가장 낮은 섬, 가파도

가파도加波島는 이 나라 유인도 중 가장 낮은 섬이다. 섬의 가장 높은 곳이 20.5미터. 남한에서 가장 높은 산과 가장 낮은 섬이 제주에 자리하고 있다는 사실은 의미심장하다. 제주를 찾는 사람들은 가장 높은 곳을 쫓아 한라산에 오르지만 가장 낮은 섬 가파도에는 눈길조차 주지 않는다. 낮은 것은 가치가 없는 것인가. 우리는 낮은 것을 천시하는 습성이 있다. 바닥이야말로 지친 우리를 받아주고 눕게 해주거늘. 실상 산에 오르는 것보다 더 중요한 것은 산에서 내려가는 일이다. 낮은 곳으로 잘 내려가는 것이야말로 등산의 완성이다. 높은 산에 오르는 이여! 이제 가장 낮은 섬 가파도로 내려오시라.

    2010년 3월 3일 모슬포 항에서 정기 여객선 삼영호를 타고 가

파도로 건너왔다. 섬 기행 중 이미 다녀갔던 가파도에 다시 온 이유는 단 하나, 올레길 때문이다. 10-1코스 가파도 올레길을 개척하기 위해 제주올레 탐사대장 서동철 형과 동행한 것이다.

더바 섬, 파도가 더해지는 섬이라는 이름처럼 가파도는 파랑의 섬이고 바람의 섬이다. 대양에 떠 있는 가랑잎처럼 가파도는 위태롭다. 오죽 바람이 거셌으면 "정이월 바람살에 가파도 검은 암소 뿔이 휘어진다"라는 속담까지 있겠는가. 바람의 신 영등할망이 들어와 계신 영등철이라 오늘도 바람이 거세다. 하지만 섬의 안길은 평화롭다.

섬을 걷는다. 섬은 마을 안 돌담길과 보리밭, 고인돌과 방파제까지 다 천천히 거닐며 한 바퀴 돌아도 한 시간이면 충분할 정도로 작다. 그러니 길을 찾는 일은 어렵지 않다. 그저 이미 있는 길에 방향 표시만 해주면 올레길이 완성된다. 그보다는 길의 의미를 찾고 길에 묻힌 이야기를 발굴해내는 것이 더 중요하다.

가파도의 역사는 길다. 제주에서 발견된 고인돌 대부분이 가파도에 남아 있다. 섬은 선사시대부터 사람살이의 터전이었던 것이다.

가장 낮은 섬, 가파도 올레길은 걷기 위한 길이 아니다. 머물기 위한 길이다. 길고 긴 올레길을 걸어오느라 수고한 나의 몸과 마음도 하루쯤은 편히 쉬게 해주어야 하리라. 이 길은 서둘러도 멀리 갈 곳이 없으니 휴식의 길이고, 안식의 길이다. 새로운 길을 걷기 위한 에너지 충전소다.

가파도의 길은 단순하다. 일주 도로와 마을을 관통하는 두 개의 큰길은 어느 골목으로 들어가도 서로 이어진다. 그 길로 경운기나 트럭이 아주 드물게 지나며 화물이나 어구를 운반한다. 하지만 이 섬에서는 자동차도 위협적인 존재가 아니다. 충돌 가능성이 거의 없기 때문이다. 자동차에 가속이 붙기도 전에 길이 끝나고 마는 까닭이다. 자동차는 전적으로 섬의 지배하에서 움직인다.

가파도는 상동과 하동 두 지역으로 나뉘어 있다. 하지만 두 마을 사이는 걸어서 10분에 불과하다. 상동과 하동 사이는 보리밭이다. 17만 평의 보리밭이 겨울부터 초여름까지 가파도의 들판을 푸르고 누렇게 물들인다. 나는 아직은 키 작은 청보리밭 사잇길을 걷는다. 바다 건너 송악산과 산방산 너머로 구름에 쌓였던 한라산이 흰 이마를 드러낸다.

10년 만에 얻어낸 사랑

몇 해 전 처음으로 가파도 길을 걸을 때, 나는 돌담이 '바람의 방어막'이 아니라 '바람의 통로'라는 깨달음을 얻었었다. 올레길을 만들러 온 이번 가파도 여행에서 얻은 가장 귀한 선물은 가파도 이장님의 애절한 사랑 이야기다.

가파도 김동옥 이장님에게는 아리따운 여동생이 있었다. 그녀는 고등학교에 입학하며 서울로 유학을 떠났다. 고등학교 1학년 여름방학 때 동생은 고향인 가파도로 돌아왔다. 그녀는 누구보다 총명하고 영특하여 공부를 잘했지만 공부보다 물질을 더 좋아했다. 어려서부터 놀이터 삼아 바닷속에서 살았으니 물은 그녀의 고향이었다. 그녀는 뭍에서의 성공보다 해녀가 되는 것을 더 원했다. 옛적부터 가파도 여자들은 "서방보다 바당을 더 좋아한다"라고 할 정도로 바다에 대한 애착이 컸다.

그녀는 방학 내내 해녀인 친구를 따라다니며 물질을 했고 전복을 잘도 따왔다. 그러던 어느 날, 그녀는 물속으로 들어갔다가 영영 나오지 않았다. 물속에서 참았던 숨을 놓고 만 것이다. 그곳에서 내내 살고 싶었던 것일까. 바다를 떠나기 싫었던 것일까.

깜짝 놀란 친구는 울부짖으며 당시 해녀 대장이던 그녀의 엄마와 고모에게 친구가 바다에 누워 있으니 건져달라고 매달렸다. 하지만 두 사람뿐 아니라 2백여 명이나 되는 가파도 해녀들 모두가 친구를 외면했다. 해녀 사회에는 금기가 있었다. 바로 바다에서 빠져 죽은 사람을 건져주면 죽은 사람에게 숨을 다 줘버리기 때문에 다시는 해녀 노릇을 할 수 없다는 믿
음. 아마도 그것은 한 사람을 구하기 위해 여러 사람이 목숨을 잃을지도 모르는 위험을 미연에 방지하고자 해녀들 스스로 만들어둔 금기이자 고육책이었을 것이다.

　이 사실을 알게 된 이장님의 집안은 해녀 친구네 집안과 원수가 되었다. 결국 여동생의 시신은 모슬포에 살던 아버지의 친구가 와서 찾아줬다. 아버지 친구도 잠수부 노릇이 싫어 20년 동안이나 물속에 들어가지 않고 살아왔다. 하지만 어린 나이에 죽은 친구의 딸이 불쌍하고 친구의 간절한 부탁을 거절할 수 없어 스스로 금기를 깨고 바닷속으로 들어간 것이다.

　그 사이 이장님은 애절하게 울어대는 동생의 친구를 달래고 위로하면서 자신도 위로받았다. 그러다 결국 둘은 사랑에 빠져버렸다. 하지만 두 집안은 이미 돌이킬 수 없는 원수지간. 어느 쪽도 둘의 결혼을 허락하려 들지 않았다. 효자였던 이장님은 아버지의 뜻을 거역할 수 없었다. 아버지는 "아들이 나한테 대들면 이 자리에서 죽어불지. 살아 뭐 할 거냐"라고 말할 정도로 완강하고 가부장적인

분이었다. 결국 이장님은 유랑의 길을 택했다. 가파도를 떠나 뭍으로 가서 몇 달씩 떠돌다 잠깐 돌아오고 또다시 떠나는 기나긴 방랑이 시작되었다. 대정읍사무소의 공무원 생활도 접고 떠돌이가 된 그는 그 어디에도 정착할 수 없었다. 그렇게 유랑과 귀향의 날이 수도 없이 반복됐다. 결국 이장님이 유랑에서 돌아온 어느 날 이장님의 아버지가 손을 들었다.

"귀신이 세 개 들어도 남녀 간의 사랑은 못 말린다는데 내가 졌다."

10년 만에 얻은 사랑의 승리. 이장님은 그 자리에서 만세를 불렀다.

이장님은 아내 사랑 못지않게 고향 사랑 또한 지극하다. 섬에 지나치게 많은 사람이 오는 것을 원하지는 않지만 그래도 여행자들이 꾸준히 찾아오기를 바란다.

어느 섬이나 그렇듯이 가파도도 이촌 현상이 심각하다. 한때 1천2백 명까지 살던 섬에 지금은 2백여 명만 남았다. 그들 대부분이 노인이다. 이장님은 가파도를 떠난 젊은이들이 다시 고향으로 돌아올 수 있는 길을 터주고 싶었다. 그래서 올레길이 생기도록 발 벗고 나섰고 마침내 그 길의 물꼬를 텄다. 이 나라의 많은 마을들이 업자에게나 이익이 될 뿐 주민들에게는 터럭만큼의 이익도 없는 개발 사업을 유치하기 위해 혈안이 되어 있을 때 올레길을 유치한 이장님의 혜안은 더욱 빛이 난다. 환경을 보존하면서도 주민들에게 이익이 되는 올레길이야말로 가파도의 지속가능한 발전을 이끌 비기다. 사랑의 힘으로 이루지 못할 것은 없다. 사랑은 원수가 된 집안도 화해시키고 쇠락해가는 고향도 살려낸다.

| 가파도 올레길 |

사 랑

우리는 늘 실패하면서도, 다시 실패할 것을 예견하면서도 왜 자꾸만 다시 사랑을 시작하는가. 그것은 우리가 밥을 먹고 물을 마시는 것처럼 자연스러운 일이다. 탈이 나고, 체한 적이 있다 해서 결코 밥 먹는 것을 그만둘 수 없듯이 상처받고 실패했다 하더라도 살아 있는 동안 우리는 결코 사랑을 멈출 수 없다.

인간에게는 두 개의 생명이 있다. 육체의 생명과 정신의 생명. 우리가 육체의 생명을 유지하기 위해 밥과 물과 야채와 고기와 햇빛과 공기 등의 물질로부터 양분을 공급받아야 하듯 정신과 영혼의 생명을 존속시키기 위해서는 지식과 사유와 사랑 같은 정신의 양식들로부터 양분을 공급받아야만 한다. 그러므로 밥처럼 사랑은 삶에 꼭 필요한 양식 중 하나다.

하지만 사랑은 육체의 여느 양분들처럼 지나침도 모자람도 금물이다. 인간의 육체에 공급되는 영양분이 균형을 잃었을 때 육신은 병이 들듯 정신의 양분 또한 균형을 잃으면 병이 된다. 균형. 우리가 늘 맞추길 갈망하지만 백 개의 저울을 들고서도 결코 맞출 수 없는 균형. 더 떠먹으면 탈이 나고 병이 될 줄 뻔히 알면서도 결코 놓을 수 없는 저 밥숟가락 위의, 사랑.

죽음으로 사랑을 지킨 여자 홍윤애

무덤으로 가는 길

홍윤애의 무덤을 찾아가는 길에 겨울비가 내렸다. 봄을 재촉하는 보슬비. 안내표지판 하나 없는 길을 안내해준 이는 애월읍사무소 변동근 선생이었다. 그의 친절이 아니었으면 서동철 형과 나는 결코 홍랑娘의 묘를 찾지 못했을 것이다.

  그녀의 묘는 애월읍 유수암리, 고려시대 삼별초의 항몽 유적지인 항파두리성 부근에 있다. 봉분은 잘 가꾸어져 있고 2백 년 전에 세워진 화강암 비석도 무사하다. 하지만 제주 사람이라도 그녀의 일을 기억하는 사람은 드물다. 나는 어느 책에선가 우연히 그녀의 이야기를 읽었는데 그 이야기가 시간이 지나도 좀처럼 잊히지 않았다. 나를 울린 것은 그녀의 지조라든가 의로움 같은 것이 아니었다.

그녀의 연인 조정철이 세웠다는 비석의 앞면에는 '洪義女之墓'(홍의녀의 묘)라는 문구가 음각되어 있다. 하지만 나는 그녀를 의녀라 생각하지 않는다. 그녀는 의가 아니라 사랑을 지키기 위해 목숨을 버린 사람이기 때문이다. 나는 목숨을 걸고서라도 지키고 싶은 사랑을 한 그녀가 부럽다. 너는 그런 사랑을 가져봤느냐. 그녀가 무덤 속에서 묻는다. 홍윤애, 그녀가 죽음으로 지켜낸 연인 조정철의 조시弔詩는 비석의 뒷면에 아로새겨 있다.

옥 같은 그대 얼굴 묻힌 지 몇 해던가.
누가 그대의 원한을 하늘에 호소할 수 있으리.

옥 같은 그녀의 얼굴도 흰 뼈도 진즉에 모두 흙이 되었겠지. 아름다움도 고통도 시간 앞에서는 모두 한 줌의 흙에 지나지 않는 것을. 그러나 시간이 지나도 가루가 되지 못하는 것이 있다. 그것은 애달픔이다. 애달파라, 내 사랑. "한번 간 내 사랑 돌아오지 않네."

1777년 정조 시해 음모 사건의 정황은 이러하다. 정조가 왕위에 오른 이듬해 7월 28일, 경희궁 침전으로 자객들이 침입했다. 노론 세력이 정조를 시해한 뒤 이복동생 은전군을 왕으로 옹립하려 한 역모 사건이었다. 당시 정언 조정철은 자신이 이 사건과 무관하다고 결백을 주장했다. 그러나 결국 사건에 연루되었다는 죄를 뒤집어쓰고 제주로 유배당했다. 그 와중에 조정철의 아내 남양 홍씨는 자결했다.

　　조정철은 제주 사람 신호의 집에 적거하는 중 제주 여자 홍윤애를 만났다. 그리고 그녀와 사랑에 빠져버렸다. 홍윤애는 향리 홍처훈의 딸이었는데 어려서 기적妓籍에 올랐다가 면천된 여인이었다. 당시에는 유배객들과 제주 여인들 간의 사랑이나 정략결혼이 드물지 않게 일어났다. 제주 토호들은 유배객이 해배되어 관직으로 복귀했을 때 중앙과의 끈을 만들기 위해 그들을 후하게 대접하는 풍습이 있었고 심지어 딸을 내주기도 했다. 조정철과 홍윤애의 사랑 또한 정략적이었는지는 알 길이 없지만 조정철의 시에서는 홍윤애에 대한 그리움이 진하게 묻어난다.

　　　사람은 기다리는데 오지 않고
　　　외로운 달 삼경이 되려는데
　　　손깍 지고 텅 빈 마당에 서니
　　　솔바람은 맑기만 하네

　　　　　　　　　　　　　－조정철, 『정헌영해처감록』

　　1787년, 노론인 조정철과 적대적인 소론의 김시구가 제주 목사로 부임해왔다. 두 가문은 원수지간이었다. 김시구는 조정철을 죽일 빌미를 찾던 중 조정철의 처소를 드나들던 홍윤애를 발견하고 그녀를 체포했다. 김시구는 홍윤애에게 "조정철이 유배인의 규범

을 어긴 사실이나 임금과 조정대신들을 비방한 내용을 들은 대로 자백하라"라고 윽박지르며 고문을 가했다. 그러나 홍윤애는 '나는 청소와 빨래 등 잔심부름만 했을 뿐"이라고 말하며 조정철을 변호했다. 홍윤애는 장 70대를 맞으며 '뼈가 부서지고 근육이 찢어지는 고통' 속에서 연인을 보호하다 숨을 거두었다. 조정철도 갖은 고문과 문초를 당한 뒤 무혐의로 방면되었다. 1788년 조정철은 다른 지역으로 이배되었다가 1805년에야 겨우 유배에서 풀려났다.

상사화 새순 돋으면

1811년 조정철은 제주 목사 겸 전라도 방어사로 부임했다. 자청하여 제주로 온 것이었을까. 이때 그는 홍윤애의 혼을 위로하는 비문을 썼다. 그는 자신과 홍윤애 사이에서 난 딸도 찾았으나 딸은 이미 병으로 목숨을 거둔 뒤였다. 연인도 딸도 이승을 떴지만 조정철은 목숨을 버리지 않았다. 조정철이 그녀의 억울함을 풀어주기 위해 끝내 살아남았다고 믿고 싶은 것은 왜일까.

우리는 자주 목숨을 걸고 사랑한다고 입버릇처럼 말하지만 목숨을 건다는 것이 말처럼 쉬운 일은 아니다. 조정철은 끝내 살아남아 천수를 누리다 갔다. 그뿐이겠는가, 맹세를 지키지 못했다. 부끄러워라! 사랑을 맹세하기는 쉬워도 목숨처럼 사랑하기는 어렵구나.

죽음 앞에서 끝끝내 사랑을 지키기는 진실로 어렵구나. 홍윤애, 그녀의 사랑 앞에서 나의 사랑은 한없이 작고 초라하다.

아직은 늦겨울인데 그녀의 무덤가에는 벌써 상사화 새순이 돋아났다. 어떤 마음이 그리도 급하게 싹을 틔운 것일까. 평생을 한몸으로 살면서도 잎과 꽃이 결코 서로를 볼 수 없는 상사화. 잎이 진 뒤에야 꽃이 피고, 꽃이 진 뒤에야 잎이 돋아나는 저 상사화처럼 한몸이면서 서로를 볼 수 없는 고통이란 대체 어떤 고통일까. 꽃을 만날 수 없음을 알면서도 한시라도 빨리 솟아나고 싶은 잎의 마음이란 또 어떤 마음일까. 항파두리성 너머 애월 앞바다가 비에 젖는다. 사람은 가고 오지 않는데 바다는 어찌 또 저리 애타게 일렁이는가.

* 홍윤애의 무덤은 안내판이 없어 지도를 보고 찾아가기 어렵다. 찾아가고 싶다면 애월읍사무소(064-728-8811)로 연락해서 안내를 부탁하면 된다.

17년을 기다린 사랑

사랑은 인내다

여자 올레꾼들이 머물 만한 마땅한 숙소가 없다는 고민을 전해 들은 한 부부가 자신들이 살던 집을 여성 전용 게스트하우스로 개방했다. 그들은 가장 헌신적인 올레 자원봉사자들이다.

　내가 그 부부를 처음 본 것은 5코스 클린 올레에서 자원봉사를 하면서였다. 여러 날 동안 서명숙 이사장을 비롯한 자원봉사자들이 올레길에 떨어진 쓰레기를 주우면서 걸었다. 그들을 만났던 날도 바람이 찼다. 점심을 먹기로 한 곳은 올레길 부근의 어떤 정자. 우리가 도착하기도 전에 따뜻한 점심이 먼저 기다리고 있었다. 우리는 막 지어온 뜨끈한 밥과 매콤한 아귀찜을 소풍 온 아이들처럼 달게 먹었다. 허기진 자원봉사자들을 위해 정성이 담긴 음식으로 자원봉사를 한 이들이 바로 그 부부였다.

확실히 인간은 한여름의 반딧불처럼 덧없는 존재이지만 반대로 생각해보면 넓고 아득한 그리고 광대한 풍경 속에서 작지만 소중한 불빛을 밝히는 존재이기도 하다.

— 후지와라 신야

여자는 부산 국제고무공장 집안의 딸이었다. 옛날에 우리는 다들 국제고무에서 만든 고무신을 신고 다녔다. 지난 이야기지만 국제고무는 지금으로 치면 삼성이나 현대 같은 재벌이었다. 성악을 전공한 여자는 첫 결혼에 실패하고 홀로 아이들을 키우며 마산에 살았다.

사내는 특수부대 출신의 전직 군인이었다. 북파공작원으로 북한에도 넘어갔다 왔고 용병으로 아프리카를 누비기도 했다. 사내는 퇴역하고 나서 마산에서 사업과 암흑세계의 보스 일을 동시에 했다. 그러던 어느 날 사내는 우연히 만난 여자에게 첫눈에 반해버렸다. 그러나 여자는 그에게 좀체 곁을 주지 않았다. 사내가 몇 년에 걸쳐 구애를 했지만 여자는 요지부동이었다. 그 사이 여자가 위기에 처할 때마다 사내는 드러나지 않게 도움을 주거나 문제를 해결해줬다. 여자는 늘 나중에야 그 사실을 알았다. 몇 년이 지났을까. 사내에게 마음을 연 여자가 언질을 줬다. 아이들이 다 커서 독립할 때가 되면 사랑을 받아들이겠노라고.

사내는 아이들이 죽순처럼 쑥쑥 자라나길 바랐다. 밤이면 괜히 여자의 집 앞에까지 가서 돌멩이를 던지며 여자의 이름을 한번 부르고 돌아갔다. 여자의 집에는 출입금지였기 때문이다. 하지만 사내는 그것만으로도 행복했다. 아이들이 여자에게 "아저씨가 너무 불쌍하지 않냐"라고 항의하기도 했지만 여자의 결심은 굳었다.

기다림은 잔인할 정도로 길었다. 어느새 17년이란 세월이 흘러가버렸다. 그 긴 세월 남자는 단 한 번도 여자의 곁을 떠나지 않았다. 그렇지만 한 번도 같이 있어보지도 못했다.

　　아이들이 장성하여 직장을 다니고 결혼을 하자 마침내 여자는 남자를 받아들였다. 17년 만에 사랑의 결실을 이룬 것이다. 그 사이에 여자도 사내도 늙어버렸다. 사내는 벌써 예순둘. 여자가 제주도에 올 결심을 한 것은 사내가 암흑세계에서 발을 빼게 하기 위해서였다. 그것이 결혼의 전제 조건이기도 한 터였다. 사내는 흔쾌히 받아들였다.

기쁨도 슬픔도 바이러스

제주에 와서 살 집을 구하고 사내는 농사를 지으며 늘 시종처럼 여자의 곁을 지켰다. 여자는 제주 생활 초기에 심한 우울증을 앓았다. 여자도 마산에서는 유명 인사였다. 성악가로 한 시절 날렸더랬다. 그런데 제주에 오니 아무도 알아주는 사람이 없었고 마음 나눌 친구 한 명조차 없었다. 스스로 자처한 유형流刑의 길이니 어쩌랴. 여자는 한밤중에 미친 듯이 걸어 다녔다. 사내가 뒤따르면 돌을 던져 가까이 오지 못하게 했다. "쫓아오면 죽여버린다"라고 소리 지르고 욕하면서 허위허위 걸었다. 밤은 여자에게 해방구였다. 여자는 길을 가다 만난 도둑고양이나 풀과도 깊은 이야기를 나누었다. 그런

밤마다 사내는 차를 몰고 라이트를 끈 채 조용히 여자의 뒤를 따랐다. 모퉁이를 돌 때면 위험할 듯해서 잠깐씩 불을 비춰주곤 했다. 17년을 기다렸으니 몇 달쯤은 일도 아니었다.

여자는 두 달하고도 20일 정도를 그렇게 미친 듯이 헤맸다. 그리고 끝내 우울증을 이겨냈다. 올레길이 생겼을 무렵이었다. 여자는 올레길을 걸으면서 자원봉사 활동에 열성을 다했다. 그러자 올레길이 여자를 생기 넘치게 만들었다. 여자는 물먹은 화초처럼 싱싱해졌다.

그렇다고 어찌 삶이 늘 좋은 날들로만 채워지겠는가. 여전히 슬프고 화나는 일도 적잖이 일어난다. 두 사람도 때로는 부부싸움을 하기도 한다. 여자는 게스트하우스를 운영하지만 자신의 마음이 불편하거나 화가 나면 여행자들을 들이지 않는다. 나쁜 기운이 가득한 채 사람을 대하고 음식을 만들어 먹이면 그 기운이 음식에 스며들어 독이 된다고 생각하기 때문이다. 기쁨도 슬픔도 바이러스다. 여자는 나쁜 바이러스가 퍼지는 것을 지레 경계하는 것이다.

대신 여자는 혼자 걷거나 쉬거나 그도 아니면 사내에게 잔소리를 하며 화를 푼다. 사내는 한 시간이고 두 시간이고 들어주면서 "알았다"라는 말만 한다. 그러면 여자가 오히려 눈물이 나 화해를 청한다. 여자는 사내가 눈물겹도록 고마운 것이다. 사실 여자는 "여자구실을 못한다." 그래서 "침대에도 못 올라오고 바닥에서 잔다." 그렇지만 사내는 여전히 여자가 가장 소중하다.

가 난 한　행 복

나에게 그대는 언제나 처음이고 끝이었습니다
그러나 이제 다시 그대를 찾지는 않겠습니다
내 평생 사랑을 찾아 헤매어
사랑을 얻지 못하더라도
그대를 다시 찾지는 않겠습니다
그대가 가난에 대하여
그대가 가난하게 사는 행복에 대하여
말할 수 있을 때
가난한 그대 삶에 대하여 당당해질 때
다시 그대를 찾겠습니다
그대는 나에게 언제나 처음이고 끝입니다

올레 교감 선생님
'한 산 도'의 봄

한산도와 올스타

올레길을 걷다 보면 누구보다 자주 만날 수 있는 사람, 한영근 선생. 그는 올레꾼을 교육하는 올레 아카데미 교감 선생님이다. 그는 서동철 대장처럼 수시로 올레길을 오가며 올레길의 상징인 리본과 화살표를 점검하고 쓰레기도 줍고 올레꾼들의 어려움을 파악해 도움도 준다. 물론 올레에 관한 모든 일이 자원봉사다. 그 같은 자원봉사자들이야말로 올레라는 보석을 다듬는 세공사다.

    내가 그를 처음 만난 곳은 서귀포 어느 막걸리 집이었다. 그때부터 그는 낯선 나그네를 살뜰하게 배려했다. 처음에는 그것이 의례적인 친절인 줄 알았다. 하지만 그를 여러 달 겪으면서 그 친절함이 타고난 본성임을 깨달았다. 그는 내가 올레길에서 만난 사람 중 가장 섬세하고 품이 너른 사람이다. 그의 친절은 계산이 없는 친절이라 아름답다.

　제주가 고향이 아닌데도 그는 이제 제주에 정착한 지 25년이 넘었다. 한곳에 그토록 오래 살았다면 그곳이 고향이 아니라고 할 수 있을까. 태어난 곳도 고향이지만 오랫동안 사는 곳도 고향이다. '옛 마을'이란 그런 것이다.

　그가 본래 태어난 곳은 전라북도 익산. 그는 중고등학교 시절 내내 밴드부 활동을 했다. 공부보다 음악이 좋았다. 밴드부에서 트롬본을 불었다. 지금도 석양녘 그가 사는 법환포구 바닷가에 울려 퍼지는 저음의 트롬본 소리는 지나가는 나그네들의 심금을 울린다.

　그는 고등학교를 졸업한 뒤 얼마 동안 서울 성수동에서 국제전광사라는 시계 회사에 다녔다. 1975년, 군대에 다녀온 뒤 같은 회사에 복직했고 밤에는 선배의 밴드에서 베이스기타를 치기 시작했다. 음악에 대한 미련을 떨치지 못했던 것이다. 군대에서도 논산훈련소의 군악대에 근무했었다. 그때 화성악 이론을 체계적으로 배웠고 작곡과 편곡도 공부했다. 군대 시절에 한 공부가 제대 후에 한 음악 활동의 밑거름이 되었다. 1979년 군산에서 '한산도와 올스타'라는 밴드를 결성해 본격적인 음악 활동을 시작했다. 한산도는 그의 예명이었다. 그룹사운드는 일반 업소에서 일하기가 어렵기 때문에 그의 활동은 대부분 밤무대와 나이트클럽에서 이루어졌다.

군산관광호텔, 전주코아호텔 나이트클럽을 시작으로 그의 밴드는 충주, 삼척, 여수, 마산, 진해, 충무까지 전국의 밤무대를 누볐다. 당시 신진 밴드들은 주로 지방의 밤업소를 돌며 실력을 연마해 대도시로 진출하는 것이 관례였다. 그의 밴드도 그 순서를 제대로 밟았다. 전주코아호텔에서 연주를 하던 1986년 우연히 놀러왔던 제주칼호텔 나이트클럽 사장의 눈에 띄어 즉시 제주로 스카우트된 것이다. 당시는 제주관광산업이 정점에 달할 때였으니 제주로의 진출은 서울로의 입성에 못지않은 성과였다. 그만큼 실력을 인정받은 것이다. 그 뒤로 쭉 제주칼호텔, 서귀포칼호텔, 프린스호텔 등 제주에서 활동했다. 준수한 외모와 큰 키, 거기다 뛰어난 연주 실력으로 그는 여성 팬들의 사랑을 한 몸에 받았다. 여성 팬들이 그를 보기 위해 나이트클럽을 찾을 정도였다. 밴드의 리더였던 그는 베이스기타와 트롬본, 오르간까지 다루지 못하는 악기가 없었다.

가정을 꾸린 것은 1979년 군산관광호텔 나이트클럽에서 활동할 때였다. 선배의 소개로 만난 여자는 논산에서 영어 교사를 하고 있었다. 6개월의 열애와 6개월의 동거 끝에 결혼에 골인했다. 아내는 밴드를 따라다니며 뒷바라지를 했고 군산에서 아들을, 마산에서 딸을 낳았다. 아내도 음악을 좋아했다. 밴드 활동의 수입은 마스터인 그가 두 몫, 단원들은 한 몫씩 균등하게 분배됐다. 1980년대 중반 단원들의 월수입이 70만 원 선이었고 그는 1백40만 원 정도였다. 그 시절은 지금보다 더 호황이었다. 그래서 팁도 많았다.

팁은 모았다가 공평하게 분배했다. 단원 한 사람당 팁이 한 달에 30만 원 정도씩 돌아갔으니 전체 수입이 적지 않았다.

철 모르고 피는 꽃이 아름답다

그가 밴드 생활을 접게 된 것은 가정에 균열이 생기면서였다. 1995년 경 그의 아내는 도박에 빠져 모든 가산을 탕진해버렸다. 막판에는 아이들의 교육 보험까지 해약하고 통장에 든 약간의 잔고마저 빼서 도박장으로 가 그 또한 단 3일 만에 다 털어먹었다. 그 뒤 아내는 잠적해버렸다. 실종 신고를 내고 10년을 넘게 기다렸지만 감감무소식이었다. 그래도 그는 꿋꿋이 혼자서 아이들을 반듯하게 키워냈다. 2005년, 결국 법원에 이혼 심판 청구서를 냈고 이혼 판  결을 받았다. 이런 순정이 어디 있을까. 그는 내내 혼자 살았고 지금껏 혼자다. 아내를 못 잊어서가 아니다. 의리 때문이다. 마땅히 지켜야 할 것을 지킨 그는 지조 있는 사내다.

서귀포검도협회 상임부회장인 그는 검도 4단의 무도인이기도 하다. 최근에는 약용식물관리사 자격증도 땄다. 언뜻 보면 그의 얼굴은 40대 후반, 잘해야 50대 초쯤으로 보인다. 하지만 그는 올해 예순한 살이다. 그러나 허리도 꼿꼿하고 몸도 탄탄하다. 검도로 수련하고 거의 매일 올레길을 걷는 덕분일까. 하지만 그는 자신이 아직도 철없이 살기 때문에 젊은 것이라고 말한다.

"아옹다옹 사는 것이 잘 늙는 지름길이야."

욕심 없이 사는 것이 청춘을 유지하는 비결이라는 말씀이다. 뭍에 사는 노모는 그의 얼굴을 볼 때마다 환갑인 아들이 아직도 걱정스러워 "너 언제 속 차릴래" 하며 지청구다. 그러면 그는 "예순 넘어서 차릴 속이 어디 있습니까"라고 대답하며 허허 웃는다. 그는 오늘도 배낭을 메고 올레길을 걷는다. 때로는 철 모르고 피는 꽃이 아름답다. 그는 이제부터가 다시 봄날이다.

올레길에서
만난 집시
유통

집시, 초원에 정착하다

표선 당케포구에서 출발하여 올레 4코스 가마리 해녀 올레길을 걷는다. 그런데 올레길을 반대로 걸어오는 사람이 낯이 익다. 저이는 배우 유통이다. 얼마 전 서동철 대장과 함께 그의 새로운 우거처인 남원읍 수망리 초원을 찾아간 적이 있었다. 그때 처음 인사를 했었다. 그 이전까지 나는 그와 개인적인 친분이 전혀 없었다. 방송이나 영화를 통해 본 것이 전부였다. 그런데도 처음부터 어딘지 친숙했다. 그도 나도 서로에게 호감을 숨기지 않았다. 배짱이 맞은 것이다. 그런데 올레길에서 우연히 다시 만났다. 우리는 대뜸 부근의 식당을 찾아 막걸리를 마셨다.

    유통은 천상 연예인이지만 타고난 예술가이기도 하다. '유통의 국밥집'으로 사업에도 성공했으나 결코 만족을 얻을 수 없었다.

타고난 끼와 예술에 대한 열정을 누르기 어려웠기 때문이다. 그래서 늦깎이로 미술대학에 들어가 졸업전시회까지 마쳤다. 화가로서 새 삶을 시작한 것이다. 그는 자신의 작품에 거의 이름을 붙이지 않는다. 또한 그는 그림뿐만 아니라 흙으로 토우를 빚는 일에도 미쳐 있다. 벌써 수천 점의 토우를 만들었다.

부산 전포동 태생인 유퉁의 본명은 유순이다. 그러나 그의 삶은 이름처럼 유순하지 않았다. 그는 어려서부터 극장에서 살다시피 했다. 새로운 영화만 개봉하면 극장으로 달려가느라 개근상을 타본 적이 한 번도 없다. 예능뿐 아니라 운동에도 소질을 타고났다. 그림

유 톰 作

유 톰 作

유 톰 作

유통 作

그리기와 웅변대회, 태권도대회 등에서 많은 상을 탔다. 그러나 그의 가장 큰 꿈은 영화배우였다.

유퉁은 부산의 연극무대에서 처음 연기를 시작했다. 1987년 전주에서 열린 제5회 전국 연극제에서 「노인 새 되어 날다」로 남자 연기상을 받았고, 그해 이제하의 원작 소설을 이장호가 연출한 「나 그네는 길에서도 쉬지 않는다」로 꿈에 그리던 영화배우가 되었다. 이후 「전원일기」와 「한지붕 세 가족」, 「까치며느리」 등 방송 드라마에 출연하면서 개성 강한 연기로 주목을 받았다.

하지만 그는 어느 한 곳에 안착할 수 없었다. 삶은 언제나 그의 등을 떠밀었다. 어느 순간부터 방랑의 날들이 시작됐다. 경기도 퇴촌, 강원도 강촌, 경상북도 구미, 경상남도 고성 등 국내는 물론 몽골과 뉴질랜드, 필리핀, 네팔 등을 옮겨 다녔다. 그는 국내외 30여 곳을 떠돌며 짧게는 몇 달에서 길게는 몇 년까지 살기도 했지만 그의 영혼은 어디에도 머물 수 없는 집시였다.

그 사이에 네 번 결혼하고 모두 헤어졌다. 그는 악상이 떠오르면 한밤중에도 자다가 일어나 작곡을 하고, 밤새워 그림에 몰두하곤 했다. 아내들은 그의 삶의 중심이 자신이 아니라 예술임을 알고 소외감을 느꼈다. 광기가 묻어나는 그의 예술적 열정을 감당할 수도 없었다. 그녀들은 그의 예술가적 기질과 열정 때문에 그에게 왔다가 결국 그 때문에 그의 곁을 떠나갔다.

유퉁은 혼자 살던 1994년경에 모델 출신 여인과 인연을 맺은

적이 있다. 당시 그는 연극을 준비하며 여자 파트너를 찾고 있었다. 그러던 중 후배에게 연기 지망생인 패션모델 한 사람을 소개받았다. 저녁 12시쯤 서울 팔레스호텔에서 소개받은 여자를 만났다. 그는 행사를 뛰어다니다 왔고 그녀는 패션쇼가 끝나자마자 왔으니 둘다 짙은 화장 그대로였다. 그런데 유통의 눈에 언뜻 여자가 쌍꺼풀 수술을 한 것이 보였다.

"처음 본 앤데 나도 모르게 막 욕이 튀어나오더라고." 그는 가끔 자신도 모르게 주체할 수 없는 말들을 내뱉곤 한다. 누구는 그것을 신기라고도 말했다.

"왜 몸에다 칼을 댔냐. 칼을 댄 순간부터 네 좋은 팔자는 다 바뀌어버렸다. 너하고는 인연이 아니니 어서 가버려라."

그렇게 한동안 욕지거리를 해대니 여자는 조용히 사라졌다. 그 뒤 여자가 가출했다는 풍문이 들렸다. 유통의 말에 충격을 받아 잠적한 뒤 주위 사람들과 연락을 끊은 것이다. 그런데 한 달쯤 지나 여자에게서 전화가 왔다. 여자는 유통에게 고맙다 말했다. 그의 말 덕에 절에 들어와 머리를 깎았다 전했다. 비구니가 되기 위해 행자 생활을 시작한 것이다. 어렵게 여자가 있는 절을 알아냈다. 머리를 깎고 화장을 안 한 맑은 얼굴을 보니 그렇게 고울 수 없었다.

"애기 같았다." 유통은 결국 여자에게 푹 빠져버렸다. 집으로 돌아왔으나 잠을 이룰 수 없었다. 한동안 넋을 놓고 다녔다. 차를 몰고 가다 신호 위반만 수십 번을 했다. 끝내 견딜 수 없어서 그도 머리를 깎고 그녀의 절에 눌러앉아 버렸다. 마침내 여자가 절을 나왔다. 드디어 그들이 함께 살게 된 것이다. 하지만 여자는 3년을 같이 살면서 한마디의 말도 하지 않았다. 묵언수행. 그 답답함은 이루 말할 수 없었다. 3년의 묵언이 끝나자 여자가 말문을 열었다.

"당신은 당신 갈 길로 가라. 나는 내 갈 길로 가겠다."

영원한 사랑, 마지막 사랑

결국 여자는 떠났다. 유퉁은 지금까지도 여자가 간 곳을 모른다. 하지만 그는 긴 항해 끝에 마침내 항구에 정박했다.

유퉁이 안정을 찾은 것은 자신보다 스물아홉 살이나 아래인 아내 바승 자르갈을 만난 뒤다. 「도전 지구탐험대」라는 방송프로그램 촬영차 몽골을 방문했던 유퉁은 몽골에 반했고 현지인 가족과 양부모 형제관계를 맺었다. 그 뒤 자주 몽골을 드나들다가 10대 후반의 바승 자르갈과 사랑에 빠져 결혼까지 했다. 아내는 유퉁의 큰아들보다도 아홉 살이나 어리다. 그가 '자갸'라는 애칭으로 부르는 아내와의 사이에 딸도 생겼다. 딸 다예는 다섯 살. 어린 아내와 더 어린 딸은 이제 그의 삶에서 가장 중요한 목적이 되었다.

유퉁의 대구 팔공산 본가에는 돌아가신 어머니 사진 옆에 그가 쓴 글이 붙여져 있다. "나에게 살아 있는 하나님은 어머니다." 그에

게는 돌아가신 어머니가 유일신이다. 아내 자가는 암만해도 "하늘나라에 간 엄마가 점지해준 천사다." 어린 아내가 "나 하나 보고 먼 이국땅까지 왔고 예쁜 다예까지 낳아줬으니." 이제 그의 나머지 인생은 아내와 딸만을 위해 온전히 바쳐질 것이다.

몽골인들의 가장 큰 소망은 '솔롱고(‘무지개’라는 뜻의 몽골어)의 나라'인 한국에 가는 것이라 한다. 그리고 더 큰 꿈은 제주도에 가는 것이다. 아내 자가는 첫 제주도 여행 후 몽골 초원과 닮은 제주 땅에 살고 싶다고 말했다. 그래서 그는 국밥집을 처분하고 서귀포시 남원읍 수망리 685번지 3천5백 평의 초원을 매입했다. 그리고 아내와 딸과 그 자신을 위해 제주 초원에 작은 몽골을 만드는 중이다. 초원에는 그가 직접 디자인한 미술전시관 열세 곳이 들어설 예정이다. 몽골에서 온 자가의 사촌 오빠 두 사람과 함께 몽골식 콘도도 짓고 있다. 이제 그는 제주도에 아주 닻을 내렸다. 낯선 땅, 제주의 초원에 정착한 그에게 힘을 주는 것은 올레길이다.

유퉁은 서점에서 서명숙 이사장의 『제주걷기여행』을 발견하고 올레길을 처음 알았다. 열여덟 시간 만에 그녀의 책을 다 읽어버린 뒤로 그는 매일 새벽 4시면 일어나 명상을 하고 나서 올레 5코스 남원포구에서 큰엉까지 걷는 것으로 일과를 시작한다. 낮에도 틈나는 대로 올레길을 걷는다. 아내 자가도 올레길을 좋아한다. 자가는 올레길 전 코스를 사진으로 담아 몽골에서 전시회를 여는 것이 꿈이다.

그의 우거처에서는 아내가 그리워하는 초원을 볼 수도 있고 그가 좋아하는 바다도 볼 수 있다. 그는 동시에 두 가지 사랑을 얻었다. 마지막 사랑인 아내 자가와 영원한 사랑인 딸 다예까지. 이런 청복清福을 누리는 사내가 세상에 누가 또 있을까.

무 게

아름다워라
욕되지 않은 삶이여
누추하지 않은 가난이여
가까운 길을 멀리 돌아왔구나
올 것이 없는 기다림이여
머무를 곳 없는 휴식이여
이루지 못했으나
비굴하지 않은 생애여
행복하여라
짐이 아닌 무게여

걱정은 순수한 실천이성에게는 암과 같이 치명적이며 대개 치유가 불가능하다. 왜냐하면 환자 스스로 치유되기를 원하지 않으며 그 치유를 가능하게 할 유일한 길인 원칙의 지배를 회피하기 때문이다. — 칸트, 『순수이성비판』

사랑이 불치병인 까닭

우연이 아니라 운명이었다

사내가 그녀를 '다시' 만난 것은 산방산 부근 올레길이었다. 그 무렵 사내는 제주에 내려와 정착할까 고심하고 있었다. 그의 결심을 굳히게 한 것은 막 개척되기 시작한 올레길이었다. 올레길을 걸으며 발견한 제주의 풍경이 그를 놓아주지 않았다. 실상은 제주가 그를 붙잡은 것이 아니라 그의 마음이 제주를 붙든 것이리라. 기댈 곳이 없는 마음을 달래기 위해 전국 각지를 떠돌았던 그는 마침내 제주에서 안식을 찾았다.

 한때 사내는 서울에서 대형 의류 업체를 경영해 많은 돈을 벌었다. 그러다 어느 해인가 돈을 벌 만큼 벌었으니 '장돌뱅이' 생활을 벗어나야겠다는 생각이 들어 업종을 바꿔 건설업에 투자했다. 하지만 그 무렵 몰아닥친 IMF 사태로 투자금 50억 원을 몽땅 날리고 말았다. 설상가상으로 무당의 딸이었던 아내는 뒤늦게 신내림을 받았다. 아내는 사내 몰래 큰 무당들에게 내림굿을 받으러 다니며 남은 재산마저 다 탕진했다. 한순간에 사업이 부도나고 아내와도 헤어지는 비극을 경험한 그는 정신없이 전국을 헤매고 다녔다. 그러다 발견한 곳이 제주였다.

여러 해가 흐른 뒤 그는 서울에서 새로운 사업을 시작했다. 그리고 재기에 성공했다. 그러나 그의 마음은 이미 서울을 떠나 제주에 있었다. 그래서 서울에 사업체를 두고 생활은 제주에서 하기 시작했다. 그 무렵 그녀를 만났다. 학원 강사로 일하는 그녀는 사내보다 열여섯 살 연하였다. 여름방학 때 그녀는 올레길을 걸으러 제주에 왔고 그곳에서 그와 조우했다. 서울 홍대 앞 어느 술자리에서인가 한두 번 마주친 사이였지만 처음에는 서로 알아보지 못했다. 아니 혹시나 하면서 쉽게 말을 꺼내지 못했던 것일지도.

서른에 중매결혼을 했던 여자는 남편과 딱 2주일을 살고 헤어졌다. 신혼여행 일주일, 시댁에서 일주일. 그 뒤 10여 년 동안이나 이혼한 오빠의 두 자녀를 키우고 노부모를 모시고 살았다. 그러다 문득 그녀는 답답한 삶을 벗어나고 싶어졌다. 그때 올레길이 그녀를 불렀다. 올레길에서 우연히 만난 남녀는 마침내 서로를 기억해 냈고 함께 길을 걸었다.

며칠 뒤 여자는 다시 서울로 돌아갔다. 한동안 서로를 잊고 지냈다. 그런데 한 달쯤 뒤에 사내가 여자에게 전화를 걸었다. 통화하던 중 여자가 다시 올레길을 걷고 싶다고 했다. 사내는 그럼 어서 건너오라고 말했고 여자는 그 말을 기다렸다는 듯이 바로 비행기를 타고 제주로 날아왔다. 그렇게 사랑이 시작되었다. 나이 차이는 문제가 되지 않았다. 사내는 50대 후반, 적지 않은 나이다. 하지만 다시 사랑을 시작하면서 사내는 자신이 존재한다는 사실을 비로소 느낀다고 고백한다. "가슴이 설렌다는 것이야말로 내가 살아 있다는 증거"라고 말하는 사내의 얼굴에는 웃음이 가득하다.

| 연인이 걷기 좋은 올레 2코스 |

03

올레,
사람 사이로
흐르다

중요한 것은 우주를 한 바퀴 도는 것이 아니라 우주의 중심을 한 바퀴 도는 것이다.

— 장 그르니에

한　사　랑　을
잃　　　　　고
더　　많　은
사　랑　을　얻　다

봄날이　온다

남성리 서귀포 칠십리 공원, 너른 잔디밭은 노인들의 게이트볼 게임장이다. 햇볕 따뜻하고 바람이 잔 날, 모처럼 노인들이 나와 공놀이를 즐긴다. 2월 초순, 천지연폭포나 이중섭미술관 뜨락에는 매화가 피었고 서귀포는 벌써 겨울이 다 지나가 버린 듯 훈풍이 분다. 생의 봄날을 진즉에 보내버린 노인들은 또 한 번의 봄날을 기다린다. 게이트볼을 굴리는 노인들의 손놀림이 재빠르다. 노인들은 마치 홀 속에 공이 굴러 들어가면 생의 봄날을 돌려받을 수 있기라도 한 것처럼 온 힘을 다한다.

최수현(가명), 스물일곱 살 여자는 친구와 둘이 올레길을 걸으러 왔다. 이틀은 둘이 함께 걸었고 오늘은 각자 걷기로 했다. 나그네는 올레 6코스인 외돌개 가는 길, 기당미술관 부근에서 그녀를 만났다. 여자는 자동차 여행은 자주 했으나 걷기 여행은 오랫동안 꿈꾸기만 했었다. 그런데 올레길이 생겨 그 꿈을 이루게 되었다.

여자는 이즈음이 생의 전환기다. K대학교 실내디자인학과를 2년 다니다 휴학을 하고 나서 생각이 많아졌다. 내 길이 아니다 싶고, 내가 진정으로 원하는 것이 아니라는 생각이 들었다. 그래서 자퇴서를 내고 다시 전문대학교 사회복지학과에 들어갔다. 하지만 여자의 최종 목표는 미술심리치료사가 되는 것이다. 사회복지학과를 택한 이유는 미술심리치료를 전공하기 전에 사회복지에 대한 공부를 해두고 싶어서다. 전문대학교를 졸업한 뒤 다시 4년제 대학교로 편입해야만 미술심리치료 대학원 입학 자격이 주어지니 아직 갈 길이 멀다. 부모님은 방황하지 말고 안정된 일자리를 갖는 게 어떻겠느냐고 말씀하시지만 여자는 더 멀리 생각하고 욕심을 내기로 했다.

여자는 부모님의 도움을 받긴 했지만 스무 살 때부터 아르바이트나 계약직 등으로 일해 번 돈으로 학비와 생활비를 보태왔다. 그런데 최근 계약직 일자리에서 밀려났다. 설상가상으로 애인과도 헤어졌다. 여섯 살 연상인 전 애인은 아는 언니의 소개로 6개월쯤 만났다. 아직은 서로를 알아가는 단계였다. 그런데 같은 지점에서 의견의 차이가 반복되니 점차 힘이 빠졌다. 서로가 자기의 입장만 이해해주기를 바랐던 것이다. 크게 싸우고 한동안 연락 두절. 그래 봐야 일주일이지만 연인에게는 7년 같은 시간이다. 결국 남자 쪽에

서 먼저 이별을 통보해왔다. 연락이 없는 일주일 동안 여자도 이별을 예감하고 있었다. 얼마쯤 예견했던 일이라 통보받은 당시에는 덤덤했지만 이내 고통이 엄습해왔다. '식성도 취미도 같고 센스나 시각 모두 비슷한 사람'이었다. 게다가 사회 경험이 많은 연상이라 정신적으로 의지도 됐었다. 그런 대상이 사라지니 힘들었다.

떨어져야 비로소 잘 보이는 그림처럼

내심 '다시 만나자고 할까' 하는 생각도 있었지만 그냥 접었다. 매달리는 것처럼 비치기 싫었다. 그러다 안 좋은 모습으로 기억되는 것도 두려웠다. 좀 더 어렸더라면 매달렸을지도 모른다. 하지만 연애가 처음도 아니고 다시 시작한다 해도 얼마 못 가 같은 문제에 봉착하리란 것이 너무도 명확했다. 만일 자신이 안정적인 직장인이었다면 더 집착했을지도 모른다. 하지만 늦게 시작한 공부와 목표가 있으니 연애에만 몰두할 수 없었다. 그렇다고 어찌 아쉬움이 없겠는가. 이제 제법 상대를 알았다 싶었는데…….

그러던 중 친구의 권유로 올레길을 걸으러 왔다. 이미 10코스와 13코스를 걸었고 오늘은 6코스를 걷는 중이다. 내일은 다시 친구와 함께 1코스를 걸을 예정이다. 여자는 올레길을 걸으며 자신감을 얻었다. 걸을 때는 걸음에 몰두하다 보니 남자에 대한 생각이 안

났다. 오로지 풍경에만 몰입됐다. 올레길의 아름다움이 실연의 기억을 압도하고 만 것이다. 그러나 숙소에서 씻고 자려고 누우면 다시 이 생각 저 생각에 잠이 오지 않았다. 하지만 이내 생각의 방향을 틀었다. '잘되려고 이렇게 된 것이다. 오히려 공부에만 몰두할 기회를 얻은 것이다.' 그렇게 정리하고 다짐하며 잠들었다.

 다음 날 다시 올레길을 걸으면 아무 생각도 들지 않았다. 오로지 현재의 내 모습을 즐길 수 있었다. 점차 행복해졌다. 나 자신이 행복해지니 자신감이 생겼다. '어차피 한번 겪어야 할 일이면 즐겁게 극복하자. 실연이란 결코 사랑의 상실이 아니다. 사랑의 폭이 넓어지는 일이다. 한 사람에게 치우쳤던 사랑을 친구와 가족 등 주변 사람에게 나누어줄 기회를 얻은 것이다.' 이제 이런 생각이 들었다.

올레길이 여자의 사랑을 더욱 성숙하게 해준 것이다.

여자는 자주 올레길을 걸으러 올 것 같다. 여자의 표정이 밝고 상기되어 있다. 누가 이 여자를 바로 얼마 전에 실연 당한 사람이라고 생각하겠는가. 올레길이 여자를 건강하고 활기차게 만들었다.

여자는 그림을 그릴 때 이미지나 틀에 얽매이면 더 이상 진척이 없다는 사실을 경험했다. 그런 때는 멀리 떨어져서 캔버스를 바라보아야 했다. 그러면 그림이 잘 그려졌다. 사랑도, 삶도 그렇다. 가끔 그들에게서 떨어져야 전체를 볼 수 있는 것이다. 올레길을 걸으며 여자가 얻은 또 하나의 깨달음이다.

| 상처를 치유해주는 올레 11코스 |

서른 살

나 행복하지 않았으나
불행이 동행은 아니었다
나 아직 이룬 것 없으나
청춘을 허비한 적 없다
나는 늙지 않았다
누구도 쓸모없다 손가락질하지 않았다
마음이 굽어 얼굴을 들지 못하였구나
나는 다시 숲으로 가지 않겠다
잃어버린 사랑을 찾아 헤매지도 않겠다
나 아직 삶은 서투르나 소망은 건강하다
회한 많은 노인처럼
지는 해를 두려워하지 않겠다

제주올레를
만   든
또 한 사람
서   동   철

올레길을 만든 사람, 서동철

"제주", "주전자", "자리돔", "돔구장", "장소", "소름", "름……"
　'름'으로 시작되는 명사는 없다. 졌다.
　　올레길에서 처음 만난 사람들에게 그는 대뜸 끝말잇기를 하잔다. 초면에 사람들과 친해지는 방법이다. 끝말잇기의 달인이자 제주올레 탐사대장인 서동철. 그는 단순히 이름만 탐사대장이 아니다. 올레길을 만들자는 아이디어를 낸 이는 서명숙 이사장이지만 실행에 옮길 수 있었던 것은 그녀의 동생 서동철이 있었기에 가능했다. 서명숙 이사장도 서동철은 제주올레의 공동창시자라고 이야기한다. 올레길을 개척할 때 무엇보다 힘들었던 것은 길이 마을을 지나고 사유지를 지날 수 있도록 주민들의 동의를 얻는 일이었다. 올레길의 개척과 함께 억센 섬사람들을 일일이 만나 설득하고 허락

을 얻어낸 이가 서동철이다. 올레길을 만드는 데 가장 큰 공을 세웠으면서도 그는 모든 공을 누이인 서명숙 이사장에게 돌린다.

그는 제주의 아름다운 풍경과 사람들의 모습을 사진에 담는 사진작가이기도 하다. 하지만 그는 과거 한때 제주의 밤 세계를 평정한 조폭 보스였다. 끝말잇기 놀이를 좋아하는 천진한 모습에서 과거의 경력을 짐작하기란 쉽지 않다.

지리적·역사적 관계로 재일교포 중에는 유독 제주 출신이 많다. 그래서 제주 사람 중에는 과거 군사정권하에서 조총련계 재일교포 가족과 접촉하거나 생활비 지원을 받은 것을 빌미로 간첩 누명을 쓰고 억울한 옥살이를 한 사람들이 적지 않았다. 지금은 재심에서 무죄 판결을 받은 이장형, 강희철 같은 이들도 모진 고문을 통해 간첩으로 조작되어 오랜 감옥살이를 한 제주 사람이다. 그런데 간첩 사건과는 전혀 무관해 보이는 조폭 보스였던 서동철 또한 전기고문으로 간첩 누명을 쓸 뻔했던 경험을 했다.

조폭 보스, 간첩 누명을 쓰다

1985년경 서동철은 급성장한 서귀포 신흥조직의 보스였다. 어느 날 그가 서귀포파크호텔에서 기존 조직의 보스인 선배와 담판을 짓는 중 갑자기 문을 두드리는 소리가 들렸다. 직감적으로 선배가 밀고했다는 사실을 알았다. 그 시절 보안사나 대공분실에서는 조폭을 정보원으로 활용하는 경우가 흔했다. 그들을 망원 또는 밀대라 불렀다. 선배도 밀대였다. 경찰서에 가니 부하들도 다 잡혀와 있었다. 그 또한 포승줄에 묶였다. 경찰은 그에게 어머니 면회까지 금지한다고 했다. 하지만 그는 서귀포파크호텔에 투숙해 있던 그의 후원자인 재일교포를 도피시켜야 했다. 순간적으로 머리를 굴렸다. 경찰에게 커피 한잔 마시고 싶다 말했다. 커피포트에 유리가 있다는 사실을 생각해낸 것이다. 그는 경찰이 들고 있는 커피포트를 빼앗아 바닥에 던졌다. 그러자 부하들도 모두 유리조각을 집어 들었다. 어머니 면회를 시켜주지 않으면 모두 자해를 하겠다고 바락바락 소리를 질렀다. 결국 어머니 면회만은 받아냈다. 그는 면회 때 어머니에게 쪽지를 전달해서 재일교포를 도피시켰다.

경찰에서는 재일교포를 검거해 간첩으로 몰고 서동철 또한 간첩으로 엮을 심산이었다. 그의 아버지는 이북 출신이었고 누나인 서명숙은 유신반대 운동을 하다 감옥을 다녀온 전력이 있었다. 간첩으로 엮기에 아주 좋은 배경이었다.

서귀포 경찰서 유치장에 수감되어 있던 어느 날 제주도 경찰국에서 그를 인계하러 찾아왔다. 대공분실 요원들이었다. 덩치 큰 남자 두 명과 키가 작은 남자 한 명. 폭력조직의 보스도 권력의 힘 앞에서는 무력했다. 그는 국방색 천으로 눈이 가려진 채로 끌려가 어떤 승용차에 태워졌다. 차가 움직이는 동선을 따라 머릿속으로 제주시 지도를 그려봤다. 어디로 가는 것일지 짐작이라도 해야 했다. 하지만 대공 요원들도 그 방면에는 베테랑이었다. 장소를 들키지 않기 위해 제주 시내를 이리저리 돌아다니니 도무지 장소를 짐작할 수 없었다. 마침내 어떤 집 앞에 도착했다.

긴 계단이 있는 집이었다. 대공분실 요원들은 양옆에서 그를 꽉 붙들고, 밀폐된 방으로 끌고 가 팔걸이가 있는 의자에 앉히고 눈을 가린 안대를 풀어주었다. 그러더니 양팔과 발목을 테이프로 묶고, 양말을 벗긴 뒤 구리 전선을 하나씩 하나씩 발가락 열 개에 다 감았다. 탁자 위에는 손잡이를 돌려서 전기를 만드는 작은 수동 발전기 한 대만 달랑 놓여 있었다.

곧바로 전기고문이 시작되었다. 발전기가 돌아가고 구리선을 통해 전기가 전달되자 발가락이 타닥타닥 다 떨어져 나가는 듯했다. 그래서 그는 모두 자백하겠다고 외쳤다. 발전기가 멈췄다. 하지만 이내 대공분실 요원들을 향해 온 힘을 다해 악을 썼다. "야, 이 새끼들아, 가만 안 두겠어." 발전기가 다시 돌아갔다. 참을 수 없어 전부 자백하겠다고 말했다. 하지만 전기고문이 멈추자 다시 "말할 것

이 하나도 없다"라고 큰소리쳤다. 또 발전기가 돌아갔다. 더는 도저히 견딜 수 없었다. "으아악" 소리를 지르며 혓바닥을 깨물었다. 단번에 끊어질 줄 알았던 혓바닥은 쉽게 끊어지지 않았다. 요원들이 달려들어 입을 벌리고 계구를 집어넣었다. 입에서는 피가 흐르는데 또 전기고문이 시작됐다.

　　　이제는 말도 할 수 없어 손으로 바닥을 때려 표시했다. 고문이 멈췄다. 그는 종이에 욕을 썼다. 즉각 전기고문 재개. 다시 항복의사를 보이자 고문이 중단되었다. 이번에는 "잘못한 것이 없다"라고 썼다. 고문이 계속되니 마음이 약해진 것이다. 요원들은 안되겠다 싶었는지 고문의 강도를 높였다. 바지를 벗기고 성기에 구리선을 감았다. 전기가 돌아가자 그는 성기가 떨어져나가 버린 것 같아 항복하지 않을 도리가 없었다. 사람으로 견딜 일이 아니다 싶었다. 그 순간 어떤 생각이 하나 스쳤다. 죄는 없지만 원하는 대로 쓰겠다고 했다. 요원이 종이에 써주면 그대로 베껴 쓰겠다고 했다. 요원 한 명이 도피한 재일교포에게 돈을 대준 사실을 인정한다는 내용의 조서를 써왔다. 간첩 도피자금을 댔으니 간첩죄로 엮일 판이었다.

기지로 누명을 벗어나다

마침내 그들이 적어준 대로 조서를 베껴 썼다. 마지막으로 인주를 묻혀 지장을 찍었다. 손가락에 묻은 인주를 요원이 써준 원본 종이에 닦은 뒤 꾸깃꾸깃 접어서 휴지통에 버리는 척하다가 숨겼다. 승리감에 도취한 요원들이 경계를 풀고 있던 참이었다. 그는 용변이 급하니 당장 화장실에 보내달라고 했다. 화장실에 들어가자마자 변기물을 내리고 그 원본 종이를 최대한 짧게 감아서 신발 앞쪽에 밀어 넣었다. 대공분실에서 풀려나 유치장으로 돌아갔다. 2차 조사 때도 같은 방식으로 요원이 써준 원본을 숨겼다. 제주 교도소로 이송되었지만 교도관들에게 아무 이야기도 하지 않았다. 검찰 조사 때는 고문 때문에 허위 자백한 것이라고 주장했다. 하지만 검찰도 완전히 믿을 수 없어서 결정적인 증거인 원본이 있다는 사실은 밝히지 않았다.

마침내 재판정. 변호사와는 미리 상의를 해두었다. 그는 진술 기회가 주어지자 "대공분실 요원이 적어준 대로 옮겨 쓴 것뿐이다. 그 원본은 교도소 영치품 속 신발 앞쪽에 있다. 필적감정을 해보면 밝혀질 것이다. 증거보전 신청을 해달라"라고 요청했다. 재판장은 즉각 증거보전 신청을 받아들였다. 결국 그는 결심 재판에서 간첩 혐의에 대해서 무죄 판결을 받았다. 물론 폭력을 행사한 죄는 대가를 치렀다.

전기고문을 통해 조폭마저 간첩으로 엮으려 했던 군사독재 시대 대공분실 이야기도 놀랍지만 그보다 그곳을 빠져나온 서동철 탐사대장의 기지가 더 놀랍다. 그 뛰어난 지략을 조직폭력이 아니라 민주화운동에 썼더라면 그는 이적단체나 반국가단체의 수괴로 형을 살았을지도 모른다.

세월이 흘러 그의 머리에도 서리가 내렸다. 제주올레 탐사대장으로, 사진작가로 살아가는 그는 이제 자유인이다. 혹시 올레길을 걷는데 누군가 카메라를 들고 다가와 느닷없이 끝말잇기를 하자는 사람이 있어도 놀라지 마시라. 그는 틀림없이 서동철 제주올레 탐사대장일 것이다.

서귀포
라
트라비아타

동백꽃 노인

노인의 얼굴이 떠오른 것은 효돈천변 올레길을 걷고 있을 때였다. 종일 내리던 가랑비가 오후 늦게 그쳤다. 저녁의 시간이다. 구름 사이로 태양이 잠깐씩 자태를 드러냈다 사라진다. 비가 오다 그친 날 저녁노을은 어느 때보다 붉고 황홀하다. 대기 중에 떠다니는 더러운 먼지가 깨끗이 씻긴 까닭일까. 노인은 효돈천 부근, 서귀포시 하효동에 산다 했었다. 노인을 처음 만난 것은 보길도에 살던 무렵이었다. 노인은 천 리 먼 길을 찾아왔지만 나는 매정하게 뿌리쳤다.

    그때가 언제쯤이었을까. 보길도 시절 초기였으니 벌써 10년도 더 지난 일이다. 겨울방학 시즌이라 나의 우거처이자 게스트하우스 '동천다려'의 객은 대부분 선생님들이었다. 아마도 12월 말이나 1월 초쯤이었을 것이다. 전국 각지에서 여행을 온 여자 선생님들

나는 일몰을 볼 때마다 태양이 지는 곳까지 멀리 깨끗하게 가고 싶은 욕망을 느낀다. 일몰은 매일 서쪽으로 이민을 가는 것 같고 우리에게 따라오라고 유혹하는 것 같다.
― 소로우, 「산보」

로 동천다려는 마치 교사 연수원을 방불케 했다. 늦은 저녁, 선생님들은 파티 준비로 분주했고 나는 뒤안의 아궁이에 군불을 지피고 있었다. 그때 어떤 노인이 찾아와 정자 아래에 서 있었다. 노인은 머리에는 두건을 두르고, 꽉 끼는 청바지를 입고, 등에는 당시 유행하던 거북이 가방을 메고, 허리에는 시디플레이어를 차고, 귀에는 이어폰을 꽂았다. 일흔두 살 노인이라고는 믿기지 않을 정도로 세련된 차림이었다. 노인은 제주도 서귀포에 사는데 오페라 공연을 보러 서울에 다녀오는 길이라 했다. 그리고 선물이라며 오페라 「라 트라비아타」(춘희) CD를 건넸다. 마침 동천다려 뜰 안은 동백나무 고목들이 피워 올린 동백꽃으로 붉게 타오르고 있었다. 파리 사교계의 여인 마르그리트 고티에, 춘희는 한 달 내내 동백꽃을 꽂고 다녔다. 25일은 흰 동백, 나머지 5일은 붉은 동백. 그래서 동백꽃 여인으로 불렸었지. 재킷 속 동백꽃 여인 춘희의 얼굴 위로 붉은 동백꽃이 툭 떨어졌다.

  노인은 신문인가 잡지에 소개된 내 기사를 보고 찾아왔다 했다. 선생님들이 부친 배추전을 안주로 술자리가 시작되었다. 다들 그날 처음 만났지만 객들은 순식간에 친밀해졌다. 그것은 여행의 힘인 동시에 술의 마법이었다. 모두들 흥에 겨워 한 곡씩 노래를 불렀다. 노인의 차례가 되었을 때 노인은 노래를 거부했다. 노인의 몸짓은 여성스럽고 음색에는 애교가 묻어났다. 노인은 춤을 추고 싶다 했다. 우리는 모두 동의했고 각자 술잔을 들고 열을 지어 카페 동

천다려로 자리를 옮겼다. 노인이 선물해준 「라 트라비아타」를 틀었다. 천장이 높은 돌집, 카페 안에 「축배의 노래」가 울려 퍼졌다. 무도회가 시작된 것이다. 노인은 대뜸 여자 선생님들에게 돌아가며 춤을 청하더니 그들을 우아하게 리드했다. 부유한 집의 아들로 태어나 일제 때부터 도쿄로 오페라 관람을 다녔으니 노인은 평생 한량의 삶을 살았다. 노인은 당시에도 명동에 샵이 몇 개 있다 했다. 디자이너 앙드레 김과도 친분이 깊다 했다. 더 이상 세세한 이야기는 하지 않았지만 그것만으로도 그의 삶의 행로를 짐작하고도 남음이 있었다. 무도회의 밤은 흥겨웠다. 블루스와 탱고부터 지르박, 차

차차, 발레까지 노인은 못 추는 춤이 없었다. 노인은 무도회에 참석한 십수 명의 여인들 모두와 차례로 한 곡씩 다 추고 난 뒤에도 힘이 넘쳤다.

그런데 아뿔싸! 우려하던 일이 현실화됐다. 노인은 끝내 나에게 손을 내밀었다. 그는 허리를 숙여 정중하게 인사를 하며 춤을 청했다. 대략 난감. 속 모르는 여인들은 웃으면서 어서 춤을 추라고 부추겨댔다. 어떻게 이 위기를 모면하지? 나는 순간적으로 벌떡 일어나 술에 잔뜩 취한 것처럼 혼자서 탈춤을 추며 무대를 휘젓고 다녔다. 그래도 노인은 쉽게 포기하지 않았다. 내 손목을 힘껏 붙들었다. 나는 매정하게 뿌리치고 더 큰 몸짓으로 비틀거리며 탈춤을 췄다. 결국 내가 이겼다. 노인은 나와의 춤을 포기하고 힘없이 자리에 가서 앉았다. 다음 날 노인은 전화번호와 주소를 남기고 제주로 돌아갔다. 그 뒤 나는 노인을 까마득히 잊고 지냈다.

6개월쯤 흘렀을까. 그날은 동네에 초상이 나 상여를 맸다. 고인을 묻고 상가로 돌아가 술을 마시고 있었다. 그런데 갑자기 그 서귀포의 노인에게서 전화가 왔다. 지금 동천다려에 와 있노라고. 놀라서 집으로 한걸음에 달려갔다. 노인은 슬픈 표정으로 마루에 앉아 있었다. 이번에도 서울을 다녀오는 길이라 했다. 갑자기 보길도에 오고 싶어 완도에서 배를 타고 들어왔다 했다. 제주로 돌아가서 기다렸는데 전화가 한 통도 없어서 너무 서운하고 가슴이 아팠다 말했다. 어찌할까. 나는 노인을 위로할 방법을 알지 못했다. 노인을 모시고 상갓집으로 갔다. 여러 사람들과 어울려 마시고 취하면 위로가 될까. 노인도 나도 그날 대취했다. 노인은 다음 날 일찍 제주로 돌아갔다.

하효동의 추억

그 뒤에도 나는 노인에게 연락하지 않았다. 다시 1년쯤 지났을 때 문득 노인의 안부가 궁금했다. 평생을 독신으로 산 노인은 늘그막에 따뜻한 곳을 찾다가 서귀포에 집을 사서 누님과 함께 살고 있다고 했다. 그런데 통화가 되지 않았다. 없는 국번이라는 싸늘한 멘트만 돌아왔다. 서울로 이사한 것일까. 그럴 수도 있겠지. 서울에도 집이 있으니 다시 서울살이를 시작한 것이겠지.

몇 해가 또 지나고 나의 신상에도 큰 변화가 있었다. 8년을 살던 고향 보길도를 떠나 다시 유랑자가 된 것이다. 한동안 내륙을 떠돌며 한옥 목수 일을 배우던 나는 문득 티베트를 다녀온 뒤 글을 쓰기 위해 제주도로 칩거해 들어갔다. 한 달 남짓 표선에서 살았다. 그러던 어느 날 갑자기 노인의 안부가 궁금했다. 다행히 주소가 남아 있었다. 버스를 타고 서귀포시 하효동을 찾았다. 주소지를 찾아갔지만 집에는 아무도 없었다. 그냥 돌아갈까 하다 부동산에 들렀다. 마을의 소식통인 부동산 주인은 노인을 기억하고 있었다.

"돌아가셨어요, 그 양반. 한참 됐지."

노인이 보길도를 다녀간 그 해 말쯤이었을 것이다. 노인은 날마다 조깅을 다녔는데 어느 날 아침 갑자기 길에서 쓰러져 일어나지 못했다고 했다. 죽음은 안타까운 일이나 온 곳으로 돌아갔으니 어찌 슬프다고만 할 수 있으랴! 그 뒤 노인의 누님도 집을 팔고 서울의 자식들에게 돌아갔다. 나도 망연히 하효동 골목길을 서성이다 표선으로 돌아갔다.

그 뒤로 몇 해가 흘러 나는 올레길을 걸으며 하효동을 지난다. 진즉에 올레길이 생겼다면 노인은 더 오래 살 수 있었을까. 뛰지 않고 걸었다면 갑자기 심장마비를 일으키지는 않았겠지.

지금 노인이 살아계셨어도 아마 나는 노인의 뜻을 이루어줄 수 없었을 것이다. 그가 늙어서가 아니다. 나는 너무도 분명한 이성애자이기 때문이다. 하지만 노인이 아직도 살아계신다면 함께 올레길을 걷고 그가 살아온 삶의 이야기에 귀 기울여줄 수는 있었을 것을. 그때는 왜 함께 걸을 생각을 하지 못했던 것일까. 왜 피하기만 했던 것일까. 어째서 깨달음은 늘 뒤늦게 찾아오는 것일까.

| 나이 드신 분들이 걷기 좋은 올레 7코스 |

올레길에서 만난 이방인들

캐나다에서 온 문학청년 데럴 쿠트

데럴을 처음 만난 것은 올레 6코스, 이중섭미술관 부근 카페 '미루나무'였다. 캐나다에서 온 청년 데럴 쿠트는 제주에서 발행되는 영문 주간지 「제주위클리」(http://www.jejuweekly.com) 기자로 일하고 있다. 그는 올레길을 걷기 좋아해서 올레길에 대한 기사를 쓰기도 했다. 두 번째 만남은 제주시청 부근 벤처마루 내 「제주위클리」 사무실. 그곳에서 또 한 사람의 여행자도 만났다. 평생 세계 각국을 떠돌며 살아가는 트레이시 베럿, 그녀는 「제주위클리」 에디터다. 그들은 한국말이 서툴고 나는 영어가 서툴렀다. 이런 우리 사이에 다리를 놓아준 이는 「제주위클리」의 발행인 송정희였다.

    데럴은 제주에 온 지 1년 반. 캐나다 토론토에서 나고 자랐다. 문예창작과 영문학을 동시에 전공했는데 대학 시절부터 샤먼들의 이야기에 관심이 많았다. 그는 우연히 브라이언 밀러라는 미국인의 웹사이트를 통해 제주를 알게 됐다. 브라이언은 제주에 미친 사진작가다. 데럴은 브라이언의 웹사이트에서 제주의 샤먼인 심방(무당)에 관한 이야기를 읽고 제주에 꽂혔다. 그는 학문적으로 접근하지 않고 심방이 가진 서사에 관심을 가졌다. 작가 지망생으로서 당연한 욕구겠지.

 데럴은 대학교를 졸업하자마자 제주에 올 방법을 모색했다. 그러던 중 제주에서 원어민 교사를 모집한다는 광고를 봤다. 캐나다 학생들은 대학교에 입학하면서부터 부모로부터 독립한다. 그래서 학비는 스스로 해결할 수밖에 없다. 그는 학비 때문에 진 빚을 갚아야 하니 직업을 갖지 않을 수 없었다. 그런데 돈을 벌면서 제주에 대해 공부할 방법을 찾은 것이다.

 그는 서귀포 예래초등학교에서 원어민 교사로 1년을 일했다. 그동안 심방들의 굿을 보러 다니고 제주의 당堂을 찾아다녔다. 서귀포 바닷가의 당들은 신전 건물이 없어도 신비스럽고 영적인 느낌이 들었다. 하지만 파출소 바로 옆, 시내에 있는 표선의 당을 보고는 실망하기도 했다. 민중 종교로서의 제주의 당을 이해하지 못한 것이다. 세상 어디에나 임재한 신이 아니라 인간과 동떨어진 신성한 장소의 신들이 더 신성하다고 믿는 것일까.

 데럴은 아이들을 좋아하고 가르치는 것도 좋아했지만 한국의 학교 시스템에는 잘 적응하지 못했다. 특히 지나치게 권위적인 교

육관료 조직 속에서 소통하기란 그에게 너무 어렵고 힘든 일이었다. 결국 그는 학교를 그만두고 「제주위클리」에서 기자로 일하기 시작했다. 그리고 작가와 저널리스트로 성장하기 위해 제주대학교 언론홍보학과 대학원에 입학했다. 기자 생활과 공부를 병행하게 된 것이다.

그는 시간이 나면 올레길을 걷는다. 오늘도 15코스를 걸으러 갈 예정이다. 올레길을 걸으면서 그는 제주에 대해 더 깊이 알게 되었다. 그에게 무엇보다 재미있는 것은 올레길이 캐나다의 트레킹 코스처럼 단조롭지 않다는 점이다. '갈릭'(마늘)밭을 지나다 보면 어느새 밀감 농장이 나오고 또 돌담길과 숲길, 해변 길로 이어지는 것이 마치 미로를 여행하는 듯 흥미로웠다. 비로소 제주가 큰 섬이라는 것을 느꼈다. 더구나 올레길의 상징인 화살표와 파란 리본은 아주 섬세한 길라잡이가 되어주었다. 마치 친절한 안내인의 길 안내를 받고 있다는 안도감까지 들 정도였다. 캐나다 같았으면 아이들의 장난으로 리본이 다 떨어지고 없을 텐데 그대로 붙어 있는 것이 너무도 신기했다.

데럴은 올레길이 인기 있는 이유가 '단순함' 때문이라고 생각한다. 그는 "올레길이라는 아이디어는 소박하지만 굉장히 놀라운 아이디어다"라며 올레길에 대한 찬사를 아끼지 않는다. 오늘도 올레길을 찾아 떠나는 그는 "제주는 미칠 듯이 아름답다. 아니, 내가 제주에 아주 미친 것 같다"라고 말하며 환하게 웃는다.

모험가 트레이시 베럿

트레이시는 모험가이면서 일생의 여행자다. 뉴질랜드가 고향이지만 지금껏 20여 국이나 되는 나라를 떠돌며 살았다. 그중 가장 오래 산 곳은 뉴질랜드와 호주 그리고 한국이다. 한국에는 벌써 여러 번 체류했다. 그녀는 한국에 머물며 중앙일보에서 발행하는 영어 신문 「중앙데일리」의 에디터로 1년 반 정도 일하기도 했다. 그러다 일을 그만두고 잠시 인도네시아의 자카르타에 가서 살았다. 얼마 뒤 한국에 다시 오고 싶은 마음이 들었다. 그러나 서울은 싫었다. 제주에 살고 싶었다. 그녀는 서울에서 일할 때 제주  에 자주 드나들었다. 즉각 제주로 오는 방법을 찾다가 원어민 교사가 되었다. 꿈에 그리던 제주에서 1년 반 정도 교사 생활을 하다가 두 달 전에 「제주위클리」의 에디터로 자리를 옮겼다.

그녀는 영어 교사를 하던 시절에 틈만 나면 한라산과 곶자왈, 성산일출봉과 오름들을 찾아다녔다. 영화 「이재수의 난」의 무대가 됐던 아부오름과 한라산 영실코스가 가장 인상 깊었다. 그녀는 두려움 없는 모험가다. 모터사이클로 제주 일주를 즐기고 요트를 타고 제주 바다를 누비기도 한다. 태국에서 케냐까지 요트 세일링을 했던 그녀. 제주의 해변은 어디나 아름답지만 그녀는 특히 함덕

과 비양도가 보이는 협재 해변을 사랑한다. 몇 달 전에 다리를 다치는 바람에 걷기가 힘들어 아직 올레길은 가보지 못했다. 다리가 낫는 대로 올레길을 걸을 예정이다.

무엇보다 제주에서 그녀를 가장 감동시킨 것은 해녀들이다. 그래서 그녀는 "해녀가 제주의 보물"이라고 주저 없이 말한다. 제주의 역사나 전해지는 이야기를 봐도 해녀는 가장 중요한 제주 문화다. 제주가 가진 신비감의 많은 부분이 해녀에서 기인한다고 생각하는 그녀는 해녀가 제주 문화에서 반드시 유지되어야 할 제주의 상징이라고 확신한다. "해녀학교가 생겼으니 해녀의 르네상스가 다시 올지도 모른다"라고 말하는 그녀의 눈은 기대감으로 빛난다.

그녀가 제주를 특별히 사랑하는 이유는 제주의 자연이 화산섬인 고향 뉴질랜드 일부와 너무도 흡사한 까닭이다. 그녀는 제주에서 고향을 발견했다고 고백한다. 하지만 제주에 정착하지는 않을 것이다. "아직도 가보지 못한 나라가 많고 그 나라들을 다 가보고 싶기" 때문이다. 경제 활동에서 은퇴하면 요트를 타고 다니며 여러 나라에서 살아보는 것이 꿈이다. 그녀의 꿈은 실현 가능한 꿈이다. 여행이 그녀 인생의 전부가 아닌가. 그녀는 일을 찾아가지 않는다. 살고 싶은 곳에 가서 그에 맞는 일을 찾는다. 제주에 올 때 그녀는 딱 배낭 두 개만 들고 왔다. 어느 나라에 가서 살더라도 마찬가지다. 배낭 두 개면 한 사람이 살아가는 데 충분하다. 제주를 떠날 때도 그러할 것이다.

「제주위클리」 그리고 다크 투어리즘

「제주위클리」는 송정희가 제주대학교 언론홍보학과 교수인 그녀의 남편과 함께 사재를 털어서 만든 영어 신문이다. 매주 5천 부를 발행해서 천 부를 세계 50여 국에 무료로 보내준다. 사실 제주라는 작은 지역에서 영어 신문을 만드는 것은 이익을 생각하면 도저히 하기 어려운 일이다. 각각 여수와 고흥이 고향인 부부는 제주가 너무 좋아서 제주로 이민을 왔다. 사랑하는 제주의 아름다움을 외국인들에게도 알리고 싶었던 두 사람은 2009년 5월, 밤을 새워가며 만든 「제주위클리」 창간호를 내보냈다. 지금은 몇 사람의 상근 기자가 생겼고 외국인 프리랜서 기자들 30여 명도 함께하고 있다.

「제주위클리」의 기사 파급 효과는 아무래도 오프라인보다 온라인이 더 크다. 「제주위클리」 웹사이트에 실린 기사들을 세계적인 블로거들이 가져가 논쟁을 벌이기도 한다. 최근에도 치열한 논쟁 하나가 있었다. 논쟁의 주제는 '제주의 어두운 역사'. 요즘 세계 여행계의 한 패턴은 다크 투어리즘이다. 역사 교훈 여행. 과거 인류의 재난과 참상을 보며 어두웠던 과거사에 대한 반성을 통해 교훈을 얻고 평화를 기원하는 여행이다. 유태인 학살현장인 아우슈비츠나 킬링필드의 아픔을 간직한 캄보디아, 원폭투하 현장인 히로시마와 나가사키 등이 대표적인 다크 투어 현장이다. 「제주위클리」는 제주 4.3 항쟁 때 민간인 학살과 일본 제국의 군사 잔재를 답사하는 기사

를 연재했다. 그런데 수십만 명의 독자를 거느린 세계적인 블로거가 자신의 블로그에 이 기사들을 소개하면서 그곳에 몇 백 개의 댓글이 달렸고 논쟁이 일어나 지금까지도 계속되고 있다. 그동안 제주는 외국인들에게 아름다운 풍경을 가진 세계자연유산으로만 알려졌었다. 그런데 그 기사를 보고 충격을 받은 많은 블로거들이 "아름다운 제주가 이런 어두운 역사를 가졌다는 것이 말이 되느냐"라며 미국을 성토하거나, 더러는 "너무 편향적이고 일방적인 기사다"라며 반박하는 등 논쟁을 벌여 제주에 대한 관심을 증폭시키고 있다.

이 논쟁 때문인지 「제주위클리」에서 제주의 역사를 다루는 코너가 외국 독자들에게 가장 인기가 높다. 그리고 그 사건으로 인해 인터넷 검색을 통해 「제주위클리」를 찾고 그곳에서 제주를 알게 된 독자들의 실제 방문도 늘어나고 있다. 일부 외국 독자들은 「제주위클리」가 사재로 운영된다는 사실을 알고 한국 정부에 재정적인 지원을 호소하는 서명 운동을 벌이기도 했다. 송정희는 그들의 행동에 감동을 받았지만 서명 용지는 서랍에 보관만 해둘 뿐 사용하지는 않고 있다. 마음만으로도 고마울 뿐이다.

| 데럴 쿠트가 즐겨 걷는 올레 4코스 |

길이 된 사람

제주의 패러다임을 바꾼 사건 '올레'

그를 다시 만나게 된 것은 순전히 제주올레 서명숙 이사장 덕분이다. 서명숙 이사장이 나에게 제주에서 꼭 소개해주고 싶은 사람이 있다고 했다. 오랫동안 제주 KBS 라디오의 시사프로그램 「제주진단」을 진행한 언론인인데 제주의 손석희 같은 사람이라고 했다. 그의 이름은 진희종이다.

겨우 올레 1코스만을 개장했을 당시, 제주 지역의 어느 누구도 올레길에 주목하지 않을 때 그는 올레길이 제주 사회의 패러다임을 바꾸는 역사적 사건이 될 것이라고 예언했다. 올레길이 제주를 개발중심 사

회에서 자연중심 사회로 전환시킬 것이라는 놀라운 통찰력에서 나온 예측이었다. 2007년 9월 14일 「진희종의 제주진단」 오프닝 멘트는 이렇게 시작한다.

"애청자 여러분 안녕하십니까? 「진희종의 제주진단」입니다. 중국의 루쉰은 근현대사를 통틀어 중국에서 가장 존경받는 작가입니다. 잠자는 중국의 영혼을 깨워 중국 근대화 운동의 불길을 댕긴 주역 중 한 사람이지요. 그의 소설 중 『고향』의 결말은 이렇습니다. '나는 생각했다. 희망이란 것은 있다고도 할 수 없고, 없다고도 할 수 없다. 그것은 마치 땅 위의 길이나 마찬가지다. 원래 땅 위에는 길이라는 게 없었다. 걸어가는 사람이 많아지면 그게 곧 길이 되는 것이다.' 지난 주말 제주에서 뜻깊은 길 찾기 행사가 있었습니다. 잊혀진 우리의 옛길을 찾는 것이었지만 어찌 보면 제주의 내일을 밝게 비추는 희망의 길을 찾는 일일 수도 있습니다."

3년이 채 지나지 않은 지금 그의 예언은 적중했고 올레길은 제주만이 아니라 한국 사회 전체의 패러다임을 송두리째 바꾸는 역사를 창출했다. 그는 올레길이 성공한 원인을 "돈을 들이지 않고 개발을 하지 않아서"라고 평가한다. 사실 막대한 예산을 들여 도로를 개발한다는 명목으로 얼마나 많은 자연이 파괴되었는가. 올레길은 돈으로 길을 만들지 않고 단지 잊혀진 옛길을 찾아 이어준 것일 뿐이다. 돈을 들이지 않았으니 자연이 파괴될 일도 없었다. 만약 올레길이 정신이 아니라 돈으로 낸 길이었다면 아마 돈의 액수만큼 망가

노동이란 보이게 된 사랑. 만일 사랑으로 일할 수 없고 다만 혐오로써 일할 수밖에 없다면 차라리 그대들은 일을 버리고 신전 앞에 앉아 기쁨으로 일하는 이들에게 구걸이나 하는 게 나으리라. 왜냐하면 만약 그대들이 냉담하게 빵을 굽는다면 인간의 굶주림을 반도 채우지 못할 쓰디쓴 빵을 구울 것이기 때문에. 또한 그대들이 원한에 차서 포도를 짓이긴다면 그대들의 원한은 포도주 속에 독을 뿜으리라. 또한 그대들이 천사처럼 노래할지라도 노래함을 사랑하지 않는다면 낮의 소리와 밤의 소리에 대하여 인간을 귀를 멀게 하는 것이 될 뿐.

— 칼릴 지브란

졌을 것이다.

올레길의 예에서 보듯 개발이 아니라 자연이 제주의 미래라는 그의 진단은 정확하다. 돌이켜보면 그의 통찰력은 올레길에만 국한되지 않는다. 그는 제주사회의 민주화운동을 이끈 주역이고 한국사회에서 최초로 친환경 급식이라는 개념을 창안해 제주의 학생 전체와 한국의 수많은 학생들이 친환경 급식을 먹는 혜택을 누리게 만든 장본인이다.

5.18 시민군 출신 민주화 운동가

진희종 형과 올레 8코스를 걷는다. 우리는 대포포구에서 목을 축일 막걸리 한잔을 마시기 위해 잠시 가던 길을 멈춘다. 포구의 물빛이 청보석처럼 푸르다.

내가 형을 처음 알게 된 것은 15년 전쯤이었다. 그때 형은 군사 정권 때 제주에서 고문에 못 이겨 간첩이 아닌데도 간첩이라 시인하여 간첩 누명을 쓴 사람들의 억울함을 풀어주는 일을 하고 있었고, 나는 서울의 천주교 인권위원회에서 인권활동가로 일하며 간첩조작 진상규명 운동을 하고 있었다. 그 무렵 우리는 전화로 자주 연락했으나 서로의 얼굴을 볼 기회는 없었다.

그를 처음 만난 것은 내가 보길도로 낙향해 살 무렵이었다. 어느 해 여름 그가 가족들과 함께 불쑥 나의 우거처를 찾아왔었다. 그렇게 또 몇 년의 세월이 지나갔다. 그러다 나는 제주까지 흘러왔고 서명숙 이사장 덕분에 그를 다시 만나게 된 것이다. 만나야 할 사람은 아무리 먼 길을 돌아서라도 만나게 되어 있나 보다.

올레길은 그에게 낯선 길이 아니다. 서귀포 태생인 그는 어렸을 때 늘 이 길 위에서 놀았더랬다. 제주에서 고등학교까지 마친 그는 전남대학교에 입학한 1980년, 그해 5.18 민중항쟁에 시민군으로 참가한 5.18 국가유공자다. 계엄군의 도청 진입을 앞둔 1980년 5월 27일 새벽, 시민군 지도부는 집에 갈 사람은 가도 좋다고 길을 텄다. 하지만 그는 도청에 남기로 했다. 집으로 돌아가게 되면 평생 양심의 가책을 받으며 살 것 같았기 때문이다. 그는 그날 도청에 남은 사람들과 함께 가족과 친구들 앞으로 유서를 쓰고 새벽을 맞이했다. 치열한 전투가 벌어졌고 그의 선배들을 비롯하여 많은 시민들이 살해당했다. 끝내 살아남은 사람들과 함께 체포된 그는 상무대 영창으로 끌려가 그곳에서 50일 동안 온갖 고초를 다 당했다.

생지옥에서 살아난 그는 평생 내려놓지 못할 마음의 부채를 안고 영창문을 나섰다. 그리고 학교로 돌아가 학생운동에 깊이 투신했다가 2학년 겨울방학 때 수배를 당했고 1년 뒤 제적당했다. 결국 고향인 제주로 귀향해 1년 반 동안 야학 교사로 일했다. 그 뒤 서귀포 YMCA 청년회에 들어가 독서모임을 만들었고 제주지역 학생운동권의 '지하서클'에도 관여했다. 1985년에는 '사인자'(사회, 인간,

자연)라는 사회과학 서점을 제주에서 최초로 열었다. 사인자는 제주 학생운동권의 아지트가 되었다.

　1987년 서귀포에서 6월 민중항쟁을 맞이한 그는 6월 26일 서귀포 재래시장에서 시위를 조직했다. 대학이 없는 소도시에서 시민들 천 명이 참가했으니 시위는 대성공이었다. 6월 항쟁 이후 그는 민주헌법쟁취 국민운동본부의 제주지부 사무처장으로 활동하며 민주화운동에 헌신했다. 1988년 결혼을 하고 나서는 생계를 위해 골프장에서 잡부로 일하기도 했다. 그러나 골프장 업주는 그가 노조를 만들려 한다며 해고시켰다. 그는 1여 년의 부당해고 소송 끝에 승소했다.

　생업에 종사하면서도 그는 꾸준히 민주화운동에 관여했고 1991년 경찰의 구타로 사망한 명지대생 강경대 열사 사건 시위의 배후로 지목돼 구속당했다. 1992년에는 민주주의 민족통일 제주연합 인권위원장으로 활동했고, 1993년부터는 조작간첩 이장형 석방을 위한 후원모임을 결성해서 조작간첩 진상규명운동에 진력했다. 1995년 지방자치가 시작되자 그는 풀뿌리민주주의 확산을 위해 「서귀포신문」을 창간했다. 그리고 이장형, 강희철 등은 15년간 이어진 그의 지난한 노력 덕분에 2008년 재심에서 무죄판결을 받아냈고 간첩의 누명을 벗었다.

친환경 급식의 전도사

그는 2003년부터 친환경 급식 운동을 시작했다. 그가 친환경 급식에 관심을 갖게 된 것은 아라중학교 학교운영위원으로 일하면서다. 아파트의 주민자치회장이기도 했던 그는 많은 부모들이 아이들의 아토피 때문에 고통 받는 것을 목격하고 먹을거리의 중요성을 절감했다. 1998년부터 생활협동조합 감사로 활동하면서 했던 안전한 먹을거리에 대한 고민도 친환경 급식에 눈을 돌리게 한 동인 중 하나였다. 또 친환경 농법으로 농사를 짓던 후배들이 판로 때문에 어려움을 겪는 것을 보고 친환경 급식이 그들을 도울 수 있을 것으로 판단했다. 그래서 그는 전국 최초로 친환경 급식이라는 개념을 만들고 자신의 아이가 다니던 아라중학교에서부터 친환경 급식 운동을 시작했다. 그는 "아이들은 가장 안전하고 우수한 먹을거리를 먹을 수 있는 권리가 있으며 어른들은 가장 안전하고 우수한 먹을거리를 제공할 의무가 있다"라고 학교와 학부모들을 설득했다.

    기존의 농업은 생명을 살리기 위한 농사가 아니라 이윤을 창출하기 위한 농사였다. 거기에서 산출되는 먹을거리는 농약과 화학비료에 찌들었으니 그것은 밥이 아니라 독이었다. 그 독을 먹고 자라는 아이들이 아토피 같은 피부병에 걸리며 성격이 급하고 포악해지는 것은 당연한 일이었다. 그는 친환경농산물이야말로 진정으로 생명을 살리는 먹을거리라는 확신이 있었다. 그의 말에 따라 아라

중학교에서는 '초록빛 농장'이라는 체험 농장을 만들어 아이들과 학부모가 자신의 손으로 직접 먹을거리를 기르도록 했다. 결과는 성공적이었다. 그는 오랜 운동 경험과 친환경 급식 운동을 통해 사회를 바꾸는 핵심 키워드는 '관념이 아니라 현장'이라는 진리를 체득했다. 겸손하게 현장을 관찰하면 그것이 최고의 지식이 된다. 그는 현장이 가장 아름다운 곳이고 현장에 길과 에너지가 있다고 믿는다.

이후 그는 '친환경우리농산물 학교급식 제주연대'를 창립했고 주민 발의로 조례제정을 이끌어냈다. 2005년부터 제주도의 학생들 10퍼센트를 대상으로 시범적으로 시행하던 친환경 급식이 2010년, 올해부터는 제주도의 모든 학생들이 혜택을 받게 되었다. 전 농림부가 주는 제1회 친환경농업대상 학교급식부문 대상을 수상한 아라중학교는 이제 친환경 급식의 메카가 됐다. 또한 친환경우리농산물 학교급식 제주연대는 2006년 교보환경대상을 받았다. 제주도 행정이 노골적으로 농업포기전략을 추진할 때 농업의 활로를 찾아준 것도 친환경 급식이었다. 제주에서 사양 산업으로 분류되던 농업이 이제는 핵심 산업으로 부상했다. 도지사가 제주의 농업을 버려야 한다고 했을 때 그는 농업을 살릴 길이 있다고 주장했고, 친환경 급식으로 확실한 증거를 보여줬다. 친환경 급식을 계기로 제주의 친환경 농업도 다시 살아났다. 2003년 수십억 원에 불과하던 친환경 농업의 매출액이 2009년에는 천억 원을 넘어섰다.

민주화운동을 함께했던 많은 선후배 동료들이 정치권이나 제도권으로 갔으나 그는 여전히 야인으로 남아 있다. 자신의 영달에는 손톱만큼의 관심도 없고 오로지 민주화와 인권, 시민의 권리를 실현시키기 위한 활동에만 모든 열정을 쏟아붓고 살아왔다. 그는 자신의 사회적 기여에 대한 '과도한 열정'을 5.18 민중항쟁에서 찾는다. 살아남은 자로서 지닌 부채의식. 그는 아직도 이 사회에 갚을 것이 많이 남아 있다고 생각한다. 부족한 공부를 더 한 뒤 글쓰기를 통해 죽는 날까지 사회적 기여를 계속하고 싶은 것이다. 제주에 길을 낸 사람이 서명숙 이사장뿐이랴. 그 또한 제주에 새로운 길을 내온 사람이다. 그가 걸어온 삶이 제주의 역사가 되고 길이 되었다.

누가 죽음을 두려워하랴

누가 죽음을 두려워하겠는가.
결코 오지 않는 미래를 두려워하겠는가.
죽음은 죽음의 일, 삶이 죽음의 볼모는 아니다.
내일은 내일의 일, 두려운 것은 오늘이다.
어떠한 고통도 죽음에 대한 두려움이 아니라 삶에 대한 공포에서 비롯된다.
미래가 아니라 현재에서 비롯된다.
많은 사람이 죽음도 무릅쓰는 용기를 칭송하지만
죽음을 무릅쓰는 것이 그리 대단한 용기는 아니다.
죽음 앞에서도 삶을 굳건히 지키는 일이야말로 진실로 용기 있는 자의 행동이다.
죽음에 몸을 맡기기는 쉽다.
죽음과 맞서기는 진실로 어렵다.
삶을 버리기는 쉽다.
삶을 지키기는 진실로 어렵다.

춘자 싸롱

춘자 씨를 아시나요

2008년 6월, 서귀포시 표선면 표선리 춘자싸롱. 허름한 30년 국숫집. 제주올레 가이드북을 들고 어렵게 찾았다. 일전에도 표선에 한 달 정도 산 적이 있지만 나는 이 집의 정체를 알지 못했었다. 식당은 테이블 하나가 전부다. 좁히면 여섯 명까지 앉을 수 있는 공간. 낯선 사람들과 옆자리에 앉아 국수를 먹는다. 메뉴는 단품이다. 멸치국수. 여름이면 콩국수가 하나 추가된다. 국수는 보통이 2천 원, 곱빼기가 3천 원이다.

강춘자, 표선이 고향인 여자는 한림으로 시집갔다가 남편과 싸우고 고향으로 돌아와 그대로 눌러앉았다. 그 뒤로 국숫집을 차려 30년을 이어왔다. 처음부터 남편과 갈라질 생각을 한 것은 아니었다. 배짱 좀 부리려다 보니 그렇게 됐다.

　남편과 떨어져 사는 처음 3개월 동안은 허전했다. 하지만 3개월이 지나자 옆에 누가 오는 것조차 귀찮아졌다.
　"아주 같이 살지 않을 거 아니면 오랫동안 별거하면 안 돼. 오래되면 잊혀져. 사람한테는 정이 하나뿐이라는데 그게 맞아."
　서른 살에 결혼해 서른두 살에 딸 하나를 낳았다. 그리고 3개월 만에 아이를 안고 친정으로 와버렸다.
　"후회 안 해. 남편이 밀감밭에 약을 친다고 해서 내가 나무에 걸린 농약 호스 줄을 잡아줬거든? 근데 남편이 잘 못한다고 고래고래 고함을 지르는 거야. 그래서 홧김에 '이거 안 해도 살아' 꽥 소리 지르고 나와버렸어."
　제주 여자의 배짱이지 싶다. 그 후로 쭉 혼자 살았다.
　"재혼은 하고 싶지 않더라고. 혼자 살 팔자인 모양이야. 남자한테 별 관심이 없어. 지금도 혼자 사는 거 후회 안 해."
　- 일요일은 점심 손님만 받고 놀러 가버린다. 아주 문을 닫고 싶지만 부러 찾아오는 사람들에게 미안해서 점심때는 연다. 춘자싸롱

이라는 국숫집 이름은 누가 지었는지 아무도 모른다. 주인마저도. 어느 날부턴가 다들 그렇게 부르더란다.

2010년 4월, 2년여 만에 다시 올레 3코스를 걷다가 표선면 시가지를 지난다. 늦은 아침을 먹고 출발한 터라 그다지 배가 고프지는 않지만 문득 춘자싸롱이 그립다. 국수 맛은 여전할까. 우리의 춘자 씨는 잘 있을까. 표선 시내를 가로질러 춘자싸롱을 찾아간다. 그런데 국숫집이 사라졌다. 마당에 텃밭까지 있는 허름한 집이었는데 흔적도 없다. 춘자싸롱이 있던 자리가 분명한데, 아무리 두리번거려도 찾을 길이 없다. 낡은 집이 헐리고 새 건물이 들어선 것이다. 세 들어 살던 춘자 씨는 어디로 옮겨갔을까.

근처 슈퍼 주인에게 물어 멀지 않은 곳에서 춘자싸롱을 찾았다. 여전히 간판은 없고 유리창에 '춘자국수'라는 글자만 새겨져 있다. 새 식당은 조금 번듯해졌다. 테이블이 두 개로 늘었고 식당 안의 조명은 더 환해졌다. 2년 만에 두 배로 확장되었으니 번창한 것인가.

하지만 국수를 삶아 내오는 춘자 씨의 안색이 파리하다. 어디 아팠던 것은 아닐까. 여전히 양은 푸짐하고 멸치육수의 맛은 진하다. 2년 사이 가격이 5백 원씩 올랐다. 멸치국수가 보통은 2천5백 원, 곱빼기는 3천5백 원. 그래도 서귀포 시내에 있는 국숫집들에 비하면 말할 수 없이 저렴한 값이다. 그 짧은 시간 동안 춘자 씨에게는 또 어떤 인생의 우여곡절이 있었을까. 나그네는 감히 묻지도 못하고 묵묵히 국수를 먹는다. 국수 그릇에서 따뜻한 김이 모락모락 피어오른다.

| 춘자싸롱 찾아가는 길 |

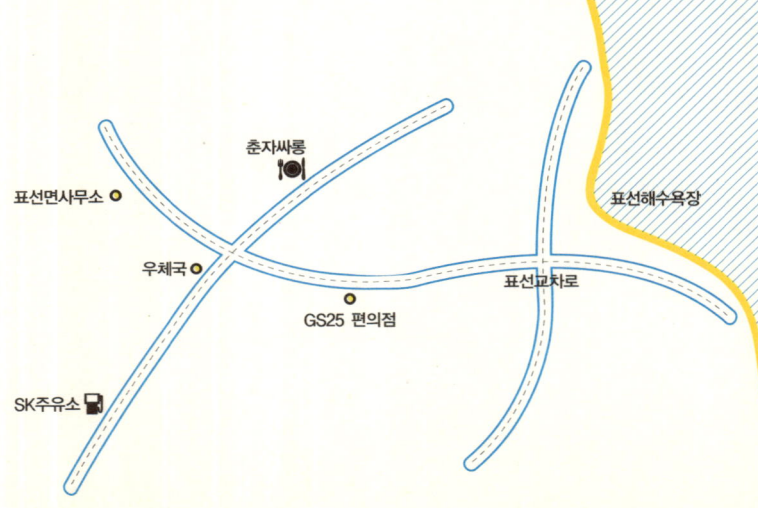

감자탕을 먹으며

그대에게 줄 것이 없어
감자탕을 먹으며
뼈를 발라 살점 하나 건넨다
그대는 손을 젓는다

내 살이라도 뜯어주고 싶은데
고작 돼지 등뼈에 붙은
살점이나 떼어주는 나를
그대는 막는다

나는 그대의 슬픔을 모른다
그대 안에 깃들지 못하고
저녁 구름처럼 떠나간 그대의 사랑을 모른다

늦은 저녁
그대와 마주 앉아 감자탕을 먹는다
그대 옛사랑의 그림자와
감자탕을 먹는다

그대는 그대의 슬픔을 모른다
그대는 그대의 쓸쓸함을 모른다
그대 옛사랑의 늦은 저녁
그대와 감자탕을 먹으며
내 뼈에 붙은 살점 하나
그대 수저 위에 올린다

04

사색의 숲을 거닐다

이 세상을 지탱하는 작은 기둥이 내 어깨 위에 있지 않다는 것을 나는 왜 진즉 깨닫지 못했을까.

— C. 카레토 수사

존 재 의
근 원 을
찾   아
떠나는 여행

쇠소깍, 신이 된 처녀

비가 온 뒤 갑자기 불어난 물이 쇠소깍으로 쏟아져 내려온다. 맑고 푸른 물이 순식간에 흙탕물로 변한다. 밀물지는 바다는 몰려오고 하천의 물은 더 먼 바다로 나가려 한다. 두 물이 만나 소용돌이치는 모습이 마치 두 마리 용이 뒤엉켜 싸우는 듯하다. 쇠소깍 앞바다에 일자로 누운 지귀도는 신룡들이 일으키는 풍랑에 금방이라도 물속에 잠길 듯 위태롭다. 파도는 더욱 거세진다. 제주 사람들은 저 험한 바다와 맞서며 수천 년을 살아왔다. 거친 파도 속에 물질을 하며 생을 이어왔다. 태평양의 여러 섬나라 사람들이 대양의 거센 파도와 맞서며 살았듯이.

바다를 두려워하면서 섬이나 해안가에 살 수는 없다. 바다에 대한 두려움을 극복하는 것이 바다에서 살아남을 수 있는 유일한 길이다. 고대 하와이 추장들이 즐기는 스포츠였던 서핑도 바다에 대한 두려움을 이겨내는 과정에서 태어났다. 늘 위험을 주는 무섭고 거대한 파도와 친해지기 위해 하와이 섬사람들이 서핑을 고안해 낸 것이다. 그들은 두려움에 굴복하느니 즐기기를 택했다. 생을 일구는 삶의 터전인 바다에서 물질을 해야 살아갈 수 있는 제주 사람들도 어린아이 때부터 물속을 놀이터 삼아 살았다. 그렇게 풍랑에 대한 두려움을 뚫고 물속을 헤엄쳐 다녔다.

서귀포시 하효동과 남원읍의 하례리 사이를 흐르는 효돈천 하구가 쇠소깍이다. 올레 6코스 시작점. '효돈'은 본래 소가 누워 있는 형태라 해서 쇠돈이라 불렸다. '쇠소'는 쇠돈천 하구에 있는 소沼라 해서 생긴 이름이다. '깍'은 맨 마지막을 뜻하는 제주 말. 쇠소는 일명 용소龍沼라고도 한다. 이 근방 사람들은 가뭄이 들면 용이 사는 쇠소깍에서 기우제를 지냈다. 기우제가 끝나면 반드시 비가 올 정도로 기우제는 영험했다. 전해오는 말이 그렇지 어찌 기우제를 지낼 때마다 비가 오기만 했겠는가. 사람들에게는 나쁜 기억은 빨리 잊고 좋은 기억은 오래 간직하려는 경향이 있다. 그러니 세월이 흐르면서 사람들의 기억 속에는 비가 온 기억만 남았겠지. 그리고 그 기억은 깊은 믿음으로, 신앙으로 승화되었을 것이다. 믿음 없이 어찌 기도를 이루랴.

주민들이 쇠소깍에서 기우제를 지내게 된 것은 죽음으로 완성된 비극적인 사랑 때문이다. 효돈 마을에 지주 한 명이 살았다. 지주

는 머슴을 부리며 그에게 딸과의 혼인을 약속했다. 머슴과 지주의 딸은 자라면서 사랑이 깊어졌다. 그러나 청년이 된 머슴이 지주에게 처녀가 된 지주의 딸과의 혼인을 요구하자 지주는 머슴과 그의 가족을 쫓아내 버렸다. 상심한 머슴은 소에 몸을 던졌다. 그런데 이상하게도 시신이 떠오르지 않았다. 처녀는 매일 밤 자시子時 이곳의 바위에 와서 비를 내려달라고 기도를 올렸다.

  오복동천의 이상향으로 들어가는 태백 구문소의 자개문子開門이 자시에 열리듯 자시는 신비의 시간이다. 시작과 끝, 이승과 저승, 인간과 선계, 영과 육의 경계인 신령한 시간이다. 시냇물이 불어나 바위틈에 걸려 있을 청년의 시신이 떠오르길 간절히 기원하며 처녀는 그렇게 백일기도를 바쳤다. 백은 완전한 숫자. 기도가 끝나는 날 억수 같은 비가 쏟아졌다. 소의 물이 넘치며 청년의 시신이 떠올랐다. 처녀는 청년의 시신을 부둥켜안고 울부짖다 기도하던 바위에 올라 몸을 던졌다. 마을 사람들은 처녀를 기리는 당을 세웠다. 하효 마을 동쪽 동산에 있는 할망당이 그곳이다. 그 뒤로 사람들은 가뭄이 들면 처녀가 백일기도를 드리던 바위에 올라 기우제를 지낸다.

생애의 물고기, 자리

쇠소각에는 테우 한 대가 줄에 묶여 있다. 어로가 아니라 관광용이지만 형태는 옛 모습 그대로다. 여행자들은 테우를 타고 계곡을 느리게 거슬러 오르는 체험을 해볼 수도 있다. 테우는 자리나 멸치를 잡던 제주의 전통 어선으로 제주 사람의 어로 생활에서 비중이 자못 큰 배였다. 테우는 어로뿐 아니라 농사용 거름으로 쓸 해초를 채취하는 데도 요긴했다. 제주의 땅은 화산재 토양이라 척박하기 이를 데 없다. 곡식을 기르기 위해서는 많은 거름이 필요하다. 쉬는 밭에 마소를 몰아넣어 똥오줌을 받아 기름지게 하는 '바령'의 풍습도 그래서 생겨났다. 지금이야 상상도 할 수 없는 일이지만 과거에 고기잡이가 잘될 때는 멸치나 고등어까지 밭에 뿌려 거름으로 쓰기도 했다. 갯것보다 귀한 것이 곡식이었으니 당연한 일이다. 고등어가 쌀이 되는 기적!

테우는 본래 한라산의 구상나무로 만들었다. 구상나무가 무엇보다 부력이 뛰어나고 단단한 데다 나무를 갉아먹는 벌레들의 공격에도 강한 까닭이다. 일반적으로 테우는 겨울에 해체해서 보관했다가 봄이면 다시 조립해 사용했다. 물 먹은 나무를 건조시키면 가벼워져서 항해 속도가 빨라지기 때문이다.

테우는 고대 먼 항해 길에도 사용되었다. 테우 같은 뗏목형의 배는 함경도부터 제주 바다까지 암초가 많고 풍랑이 거센 지역이면 어디서나 유용했다. 파도에도 뒤집힐 염려가 없는 까닭이다.

이 근방 사람들은 테우로 자리잡이를 했다. 자리는 모슬포 자리, 보목의 섶섶 동쪽 '동군자리', 지귀도 부근 '지귀자리' 그리고 여

기 쇠소깍 하구의 '쇠소깍자리' 등이 유명했다. 쇠소깍 부근에 자리가 많은 것은 쇠소깍이 민물이 흘러드는 기수 구역이라 자리들이 그곳으로 민물을 먹으러 몰려오기 때문이다.

자리는 제주의 대표 물고기. 제주 사람들의 삶에서 떼려야 뗄 수 없는 물고기다. 지금도 자리 물회나 강회, 구이, 젓갈은 제주 사람들이 즐겨 먹는 음식이다. 제주를 찾은 여행자들도 한 번쯤은 자리 물회나 자리 젓갈을 먹어봤을 것이다. 아열대성 붙박이 물고기인 자리는 태어난 자리에서 평생을 떠나지 않고 산다. 그래서 얻은 이름이 자리다.

자리여! 물고기여! 너는 저 생사의 바다 한가운데 한자리 크게 차지했구나. 하지만 자리여! 내 물고기여! 평생을 같은 자리라니! 나는 그 자리가 부럽지 않다. 오히려 내 이름이 자리가 아닌 것에 감사할 뿐. 나는 여행자라는 이름의 물고기!

어떠한 여행도 구도행이 아닌 것은 없다

자신의 존재가 얼마나 소중한지 확인할 수 있는 좋은 방법 중 하나가 여행이다. 집에서, 일터에서, 마을에서 나는 얼마나 자주 하찮은 존재였는가. 마을을, 일터를 떠나오기 전 나를 하찮게 여기는 사람들 틈에서 나는 너무 오래 살았다. 그것에 길들여져 나도 내가 하찮은 존재인 줄 알았다. 그래서 나도 자주 나를 하찮게 대우했다. 예수도 고향에서는 배척받았다는 경전 말씀을 떠올리는 것은 위로를 받기 위함이 아니다. 잔혹한 삶의 진실을 깨닫기 위함이다. 일상을 떠난 뒤에야 비로소 내가 얼마나 소중한 존재인가를 문득문득 깨닫는다. 올레길뿐이랴. 낯선 곳으로 여행을 떠나본 사람은 누구나 안다. 길에서 만나는 사람들에게 나는 얼마나 소중한 존재인가. 그러므로 어떠한 여행도 존재의 근원을 찾아 떠나는 구도행이 아닌 것은 없다. 움직일 기운이 남아 있을 때 자주 떠나야 한다. 모두가 여행자로 살 수는 없으나 누구나 떠날 자유는 있다.

| 사색하며 걷기 좋은 올레 9코스 |

만 개의 눈
만 개의 목숨

대양을 넘나드는 잠자리

열흘 남짓 제주를 떠났다가 다시 돌아왔다. 꽃 시절은 흔적도 없다. 섭섭함도 없다. 산의 절정은 단풍철이 아니라 이즈음이다. 산은 온통 꽃보다 고운 연초록 새잎으로 빛난다. 강정천 올레길을 지나는데 잠자리가 난다. 벌써 웬 잠자리지. 아직 잠자리가 나오기는 이른 철이다. 물속에서 우화등선을 꿈꾸고 있을 시기가 아닌가. 성질 급한 몇 놈이 참지 못하고 물을 박차고 날아올랐나 보다. 보길도 시절 모기떼가 극성을 부리는 대숲 아래에 살던 나에게 잠자리의 출현은 복음이었다. 잠자리 떼가 비행을 시작하면 모기의 수가 급격히 줄어들기 때문이다.

    육식을 하는 잠자리에게 모기는 좋은 먹잇감이다. 한 시간에 100킬로미터를 날기도 하는 포식자, 잠자리의 빠른 공격을 피할 수 있는 모기는 드물다. 뒷산 하나 넘기도 어려울 것처럼 가녀린 몸의 잠자리가 때로는 머나먼 대양 위를 날기도 한다. 잠자리의 비행 능력은 초월적이다. 유충으로 물속에서 1년 넘게 살다 우화한 잠자리는 짧게는 한 달, 길어 봐야 6개월 남짓을 살다 간다. 물론 드물게 성충으로 동면하는 녀석들도 있기는 하다.

　　잠자리 한 마리가 천변 나뭇가지에 앉아 있다. 나는 모기 사냥꾼인 잠자리에게 살금살금 다가간다. 뒤쪽으로 가서 날개옷을 붙들고 반갑게 인사라도 나눌 생각이었는데 잠자리는 어느새 멀찍이 달아나버린다. 뒤에 눈이라도 달린 것일까. 그렇다. 잠자리는 뒤에 눈이 없어도 뒤쪽까지 훤히 볼 수 있는 눈을 가지고 있다. 검은 콩알만큼이나 작은 잠자리의 볼록 눈. 그 작은 눈알 속에 만 개나 되는 겹눈이 나란히 정렬되어 있다. 큰 좋은 무려 2만 8천 개의 겹눈을 가지고 있기도 하다. 나는, 사람은 눈 하나 깜빡하지 않고 잠자리 한 마리 목숨쯤 가볍게 죽이기도 한다. 하지만 잠자리 한 마리를 죽이는 것은 결코 눈 하나를 감게 하는 일이 아니다. 무려 만 개 혹은 2만 8천 개의 눈을 전부 감게 만드는 일이다. 두려운 일이다.

늙음은 죽음보다 삶에 가깝다

비가 오려는가. 날이 흐리다. 벌써 몇 달의 시간이 쏜살같이 흘러가

버렸다. 나는 여기에 또 얼마나 머물 수 있을까. 아마 남은 시간도 헤아릴 틈도 없이 빠르게 지나갈 것이다. 서귀포에서도 많은 사람과 만나고 헤어졌다. 가버린 이들은 가버린 시간처럼 자취가 없다. 나 또한 그러할 것이다. 서귀포가 보이지 않는다. 물안개가 온 도시를 삼켜버렸다. 도시는 잠시 사라졌지만 곧 돌아올 것이다. 그러나 떠나간 사람은 돌아오지 못할 것이다.

빗방울이 떨어진다. 큰 비는 오지 않을 것이다. 정방동 골목길을 걸어서 내려간다. 이제 서귀포에서의 시간이 다하면 나는 또 어디로 불어가게 될까.

그곳에서 사는 것일까. 그 골목길에서 매일 종이상자를 줍는 노부부를 바라본다. 노인들은 고단한 생을 탓하지도 않고 묵묵히 수레를 끈다. 저 노인들은 대체 어디에서 온 것일까. 먼 시간으로부터 온 것일까. 죽었다 깨어나도 노인들은 결코 돌아갈 수 없는 청춘의 시간! 늙음이란 무엇일까. 죽어간다는 것일까. 하지만 죽어감이 늙음의 본질은 아니다. 인류는 늙음보다 전쟁, 기아, 질병, 재해 등으로 더 많이 죽어갔다. 늙어보지도 못하고 죽은 이들이 더 많다. 실상 늙음이란 죽음보다는 삶에 더 가깝다. 늙음은 결코 죽어가는 일이 아니다. 삶을 완성해가는 일이다. 삶의 근원에 더 가까이 다가가는 일이다.

나는 사랑으로 애끓는 유황불 지옥에나 가련다

산해경에 남류산이라는 이상향이 있다.
거기에는 유옥, 푸른 말, 삼추, 시육, 감화가 있고, 온갖 곡식이 풍성하다.
유옥은 천년 묵은 호박琥珀이고, 감화甘華는 신령스러운 배나무다.
시육視肉은 아무리 잡아도 물고기가 줄지 않는 연못이다.
삼추三騅는 자웅동체의 짐승이다.
유토피아에 유옥처럼 넘치는 보물, 감화나 푸른 말 같은 불사의 존재들,
시육같이 영원히 줄지 않는,
노동 없이도 먹을 걱정 없는 지복祉福의 나날이 기다리는 것은 당연하다.

그런데 삼추는 또 무언가.
자웅동체.
인간세계의 온갖 걱정과 갈등과 두려움이 발붙일 곳 없는 이상향에 망측하게도
자웅동체의 괴물이라니.
자웅이체인 인간이 겪어야 하는 사랑의 고통이 굶주림과 전쟁과 살육의 고통만큼이나
컸었나 보다.
하지만 나는 자웅이체의 사랑이 아무리 고통스러워도 자웅동체의 유토피아 따위에는
가지 않으련다.
사랑 없는 유토피아에 가느니 사랑으로 애끓는 유황불 지옥에나 가련다.

생 명 에 대 한 예 의

생명을 살리는, 육식 금지

서귀포 밤거리를 걷는다. 서귀포 사람들은 바다와 인접한 곳에 살지만 횟집보다 고깃집을 즐겨 간다. 늦은 밤 문득 막걸리라도 한잔 하고 싶어 목로를 찾지만 거리에는 대부분 고깃집뿐이다. 어쩔 수 없이 오늘도 멸치국수 한 그릇을 시켜놓고 막걸리를 마신다. 여행의 절반은 음식이다. 하지만 나는 제주에 여러 달을 살면서도 그 맛있는 흑돼지고기를 먹을 수 없다. 고기국수나 몸국도 먹을 수 없다. 물론 고기가 아니라도 해산물이 풍성한 곳이니 그것만으로도 충분해 아쉬울 것도 없다.

  본래부터 내가 육식을 하지 않았던 것은 아니다. 실은 아침부터 삼겹살을 구워 먹을 정도로 고기를 즐겼었다. 마블이 잔뜩 낀 소고기 등심이나 차돌박이에도 사족을 못 썼었다. 하지만 어느 순간

일본의 한 어부는 최근 돌고래를 죽이는 것을 그만두었는데, 그 이유에 대해 다음과 같이 말했다. "돌고래는 죽기 전에 눈물을 흘립니다. 뺨 위로 눈물이 흘러내리는 돌고래를 어떻게 죽일 수 있단 말입니까?"라고.

— 제인 구달, 『제인 구달의 생명사랑 십계명』

부터 더 이상 고기를 먹지 않는다. 내가 육식을 끊은 것은 5년쯤 전이다.

　육식을 하지 않는, 하지 말아야 할 종교적·사회적 이론은 수없이 많다. 또한 무슨 이유에서건 실제로 육식을 하지 않고 사는 사람도 적지 않다. 그럼에도 나는 오랜 세월 육식을 해왔었다. 그 어떤 이론도 나를 온전히 설득시키지 못했기 때문이다. 더구나 나에게는 반드시 고기를 먹지 말아야 할 개인적, 종교적 이유도 없었다. 육식이 건강이나 생태계에 나쁘다는 사실을 알고 있었지만 그렇다고 해서 육식을 끊어야 한다는 생각은 들지 않았다. 육식과 자발적 가난이 조화될 수 없는 삶의 방식임에도 그랬다.

　집을 버리고 유랑 걸식하며 살아온 지도 오래되었다. 그래서 주는 대로 먹는 것이 옳다고 생각했었다. 또한 "육식을 하느냐 마느냐가 중요한 것이 아니라 어떠한 마음으로 음식을 먹느냐가 중요한 것이다. 음식을 '생명을 유지시켜주는 약'으로 생각하고 먹는다면 육식이든 채식이든 무관하다"라고 말하며 값비싸고 기름진 음식을 먹는 행위를 옹호하고 합리화했었다.

　그러나 돌이켜보면 내가 그런 음식들을 아무 죄책감 없이 얻어먹고 그것을 합리화하기까지 한 것은 '자기기만'이었다. 어째서 나는 베푸는 사람 입장에서 가장 부담이 적게 되고 얻어먹는 입장에서 가장 몸이 가벼운 음식을 선택하지 않았는가. 얻어먹는 처지니 주는 대로 먹는다는 것은 겸손이 아니라 오만이거늘. 나는 분명 가장 가난하고 소박한 음식을 달라고 요구했어야 했다.

사 랑 의   반 대 는   무 관 심

이제 나는 육식을 하지 말아야 할 이유를 '분명히' 알고 있다. 미몽에서 깨어나게 해준 것은 제인 구달이었다. 나는 그녀의 육식 금지 이론을 '정의의 관점에서의 육식 금지' 혹은 '생명의 관점에서의 육식 금지'라 이름 붙이고 싶다.

가축에게 곡식을 먹이는 것은 심한 낭비다. 고기를 먹고 낼 수 있는 에너지는 가축을 먹일 곡식을 재배하는 데 드는 에너지의 7분의 1에 불과하다. 따라서 곡식에서 고기로 에너지가 전환되는 과정에서 지구의 총 1차 생산량의 7분의 6에 해당하는 에너지가 손실되는 것이다. 어빈 래슬로우는 이러한 사실로부터 "육식에 의존하는 식습관은 건강을 해칠 뿐 아니라 도덕적으로도 옳지 않다. 육식은 인간 집단 전체를 먹이는 데 꼭 필요한 자원을 낭비하려는 사람들의 소비 심리에서 나온 식습관이기 때문이다"라고 주장한다.

— 제인 구달, 『제인 구달의 생명사랑 십계명』

모든 존재는 다른 존재의 희생 없이 한순간도 살아갈 수 없도

록 운명 지어져 있다. 어떠한 존재든 다른 생명을 먹어야 살 수 있다. 그러므로 무조건 육식은 악이고 채식은 선이라고 주장할 수는 없다. 채소 하나 가꾸기 어려운 사막의 유목민들이 생존을 위해 육식을 하는 것을 사악하다고 할 수는 없는 일 아닌가.

동물뿐 아니라 식물도 고통을 느끼고 두려움을 느낀다. 그렇다면 우리가 음식을 선택해야 할 기준은 무엇일까. 그것은 어떠한 식습관이 더 많은 생명을 살릴 수 있느냐가 되어야 하지 않을까.

소고기 1킬로그램을 만들기 위해서는 16킬로그램의 곡물이 소요된다. 밀 1킬로그램을 재배하기 위해서는 물 4리터면 충분하지만, 소고기 1킬로그램을 만들기 위해서는 10만 리터나 되는 물이 필요하다. 인류가 고기 소비의 10퍼센트만 줄여도 곡식 1천2백만 톤이 절약된다. 이는 기아로 죽어가는 6천만 명의 생명을 살릴 수 있는 양이다. 한 사람이 1킬로그램의 소고기를 먹음으로 인해 열여섯 명의 사람이 굶어 죽게 되는 것이다. 육식을 하지 말아야 할 이보다 더 분명하고 절실한 이유가 어디에 있겠는가. 그저 소고기 1킬로그램을 먹지 않는 일만으로도 수많은 생명을 구할 수 있는 것이다.

다른 먹을거리가 충분한데도 더 맛있는 고기만을 찾아다니는 인간들의 탐욕이 이 세상을 궁핍한 곳으로 만들고 있다고 말한다면 과장일까. 단지 지금 내 눈에 보이지 않는다는 이유로 우리는 오랫동안 굶주림으로 고통 받고 있는 지구 저쪽의 형제들에 대해 무관심하지는 않았는가. 엘리 위젤의 말처럼 "사랑의 반대는 증오가 아니라 무관심"인 것을. 무관심이야말로 가장 끔찍한 저주인 것을.

　육식 금지는 단지 사람들만을 위한 행동이 아니다. 우주의 어떤 생명체도 그 자체로 살아야 할 이유와 존엄할 권리가 있다. 그러므로 우리가 다른 생명들을 소중히 해야 하는 것은 너무도 당연한 의무다. 그것이 생명에 대한 예의이기도 하다. 나는 가끔 사람인 것이 부끄럽다. 우리는 너무도 자주 생명에 대해 무례를 범하며 살아가고 있지는 않은가!

　개는 죽음의 고통 속에서도 주인을 위로하는 경우가 흔하다. 생체 해부의 고통을 겪으면서도 수술자의 손을 핥아준 개의 이야기는 누구나 알고 있다. 아마 이 수술자는 가슴이 돌이 아닌 다음에야 죽을 때까지 회한을 가슴에 품고 살아갈 것이다.

　　　　　　　　　　— 제프리 무세이프 메이슨, 『코끼리가 울고 있을 때』

삶의 본질은
죽이는 것과
먹 는 것

식 약 불 이

육체에는 영혼이라는 게 있습니다. 그걸 가엾게 여겨야지요. 그러니 두목, 육체에 먹을 것을 좀 주세요. 뭘 좀 먹여야 한다고요. 육체란 짐을 진 짐승과 같거든요. 육체를 먹이지 않으면 언젠가는 길바닥에다 영혼을 내팽개치고 말 거예요.

— 니코스 카잔차키스, 『그리스인 조르바』

한동안 책상 앞에만 앉아 있었더니 어느 순간부터 눈이 침침하다. 눈이 어두워지면 나는 안과 대신 서귀포 재래시장으로 향한다. 오늘도 재래시장 어물전에서 동태 한 마리를 사왔다.

명태明太는 그 저장 상태나 크기에 따라 이름이 제각각이다. 생태, 동태, 북어, 황태, 춘태, 왜태, 아기태, 노가리…… 일일이 다 열

거하기도 벅찰 정도다. '명태'라는 이름은 조선시대 초 함경도 관찰사가 명천군을 방문했다가 이름도 없던 생선 요리를 맛보고 나서 고을 이름 명천과 고기를 잡아 바친 어부의 성에서 한 자씩 따다 지은 것으로 전해진다.

사람들은 대체로 명태의 시원한 국물과 명태 살을 좋아하지만 내가 찾는 것은 그것이 아니다. 바로 명태의 간이다. 수입산 생태는 유통 과정에서 내장이 다 녹아버려 간이 없다. 그래서 나는 명태를 살 때 수입산 생태는 사지 않는다. 그보다는 땡땡하게 언 동태를 산다. 생태보다 값이 싼 동태에는 간을 비롯한 내장은 물론 귀한 명란까지도 그대로 살아 있다. 내장이 빠진 명태탕은 동태나 생태를 불문하고 너무 밋밋하다. 명태탕의 맛을 좌우하는 것은 내장, 그중에서도 특히 명태의 간유다.

오늘 사온 동태에도 큼직한 간이 그대로 붙어 있다. 어느 생선이나 그렇지만 생선을 손질할 때 쓸개를 떼어내는 것을 잊어서는 안 된다. 깨끗이 손질한 동태에 무와 고춧가루, 마늘 등의 양념을 넣고 끓인다. 탕이 얼추 끓으면 대파와 미나리도 약간 넣는다. 구수한 국물 냄새가 온 방 안에 번진다. 명태의 간유 덕에 국물이 진국이다. 이 국을 몇 번 먹으면 침침하던 눈도 밝아질 것만 같다. 지금이야 국산을 구경하기 힘들지만 수백 년 동안 명태는 이 땅의 밥상을 책임진 소중한 물고기였다.

또한 명태는 보양식으로도 애용되었다. 북어와 피문어, 홍합에 파를 넣고 끓인 건곰국은 노인이나 환자들의 기운을 보호했다. 특히 명태 간의 효능에 대해서는 전설 같은 이야기도

전해진다. 정문기 박사의 『어류박물지』에는 함경도 삼수갑산 농민 중에 영양부족으로 시력을 잃게 된 사람들이 명태 간을 먹고 다시 눈을 떴다는 기록이 있다. 눈먼 사람들이 겨울철 바닷가 마을로 내려가 살면서 한 달 정도만 명태의 간유를 먹으면 다시 눈을 떴다는 것이다. 식약불이食藥不二는 이 같은 경우를 두고 하는 말일 것이다.

밥이 곧 약이라는 진리를 믿는 내가 요리를 취미로 삼는 것은 어쩌면 너무도 당연한 일이다. 나는 여러 해 동안 떠돌이로 찜질방이나 민박집을 전전하면서 단 한 번도 잠자리에 불만을 품어본 적이 없다. 하지만 요리를 할 수 없다는 사실만큼은 가끔 불만스러웠다. 나는 맛있는 음식을 먹는 것을 즐기지만 그보다는 만들기를 더 좋아한다. 내가 만든 음식을 다른 사람이 맛있게 먹어줄 때 느끼는 보람과 기쁨이 크기 때문이다. 그래서 보길도 시절 음식을 만들어 수없이 많은 여행자에게 주기를 즐겼다. 더러는 보길도보다 내 요리가 먼저 생각난다는 사람도 있을 정도였다. 그렇다고 내가 요리사처럼 무슨 대단한 요리를 하는 것은 아니다. 나는 요리 학원이나 요리사에게 배워본 적도 없다. 다만 요리의 기본에 충실할 뿐이다. 요리의 기본은 신선한 재료와 간이다. 두 가지만 충족되면 어떤 음식이든 맛없을 까닭이 없다. 사람들은 더러 나에게 숨겨놓은 요리 비법이라도 있는 줄 알지만 간을 잘 맞추고 신선한 재료를 사용하여 되도록 단순하게 조리하는 것 외에 다른 비결은 없다.

올레길에서 뜯은 돌갓으로 김치를 담그다

서귀포에 한동안 머물 방을 구하고 무엇보다 행복했던 것은 내 손으로 직접 요리를 해먹을 수 있다는 사실이었다. 날마다 냄비에 밥을 하고 된장국을 끓였다. 요리 도구라 해야 양은 냄비 두 개와 프라이팬 하나, 식기는 밥그릇과 국그릇, 접시 하나씩이 전부다. 물컵은 따로 마련하지 않고 플라스틱병을 잘라서 사용했다. 그래도 부족함이 없다. 도구가 적으니 오히려 게으름을 피우지 못한다. 사용한 도구나 그릇을 쌓아둘 수 없기 때문이다. 보길도 시절에는 메주를 띄

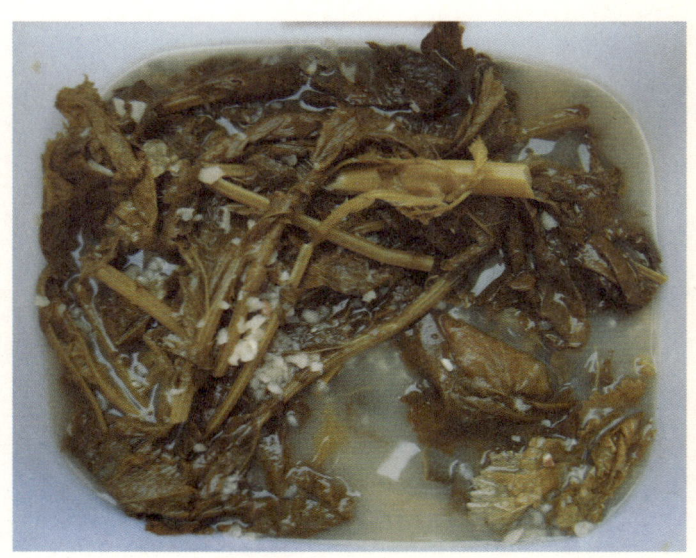

워 된장과 간장까지도 직접 담가 먹었다. 여기서야 그럴 처지가 안 되지만 그래도 간단한 김치 정도는 담가 먹는다.

며칠 전에는 올레길을 걸으며 뜯어온 돌갓으로 물김치를 담갔다. 사람들은 돌갓이 억세다고 외면하지만 염장한 돌갓을 두세 달 정도 숙성시키면 그 깊은 야생의 맛은 어디에서도 찾기 어려울 정도로 별미다.

음식은 삶에서 가장 중요한 부분 중 하나다. 가까운 과거만 해도 대부분의 사람들은 밥을 굶지 않는 것이 인생 최대의 목표였다. 지금이라고 크게 달라졌을까. 조셉 캠벨은 자신의 저서 『신화의 힘』에서 "삶의 본질은 죽이는 것과 먹는 데 있다"라고 단언했다. 나는 그의 말에 깊이 공감한다. 삶이란 다른 생명을 죽여서 그것을 먹고 내 생명을 이어가는 일이 아니고 또 무엇이겠는가. 조르바도 그 진리를 깨달은 사람이었다.

"죽기까지 떠나지 않을 노릇이 바로 이것이죠."

조르바는 냄비를 불 위에 얹으며 이렇게 말하곤 했다.

"염병할 여자(이 또한 끝없는 전쟁이지만)뿐만이 아닙니다. 먹는 짓거리 또한 끝없는 전쟁이지요."

그 크레타 해안에서 나는 처음으로 먹는다는 게 얼마나 즐거운 것인가를 깨달았다. 조르바는 두 개의 바위 사이에다 불을 피우고 음식을 장만했다. 먹고 마시면서 대화는 생기를 더해갔다. 마침내 나는 먹는 행위가 숭고한 의식이며, 고기와 빵, 포도주는 정신을 만드는 원료임을 깨달았다.

— 니코스 카잔차키스, 『그리스인 조르바』

지구의 마지막 세대인 것처럼

이제 다시는 섭지코지에 가지 않으리

드라마 「올인」을 찍으면서 유명세를 탔던 섭지코지. 올레길을 걸으며 다시 들른다. 오늘 섭지코지의 색채는 우울색이다. 1년 반 만에 다시 찾은 섭지코지는 개발에 초토화가 되어버렸다. 들머리의 땅은 콘도와 호화 빌라들이 차지하고 담장을 둘러쳤다. 빌라 공사를 한 건축회사 직원에게 들으니 70평쯤 되는 2층짜리 별장이 40억 원. 40평 단층 건물은 17억 원이다. 수십 동의 호화 빌라 모두가 분양이 완료됐다. 소유주 중에는 유명 영화감독도 있다고 직원은 자랑한다. 제주 사람과 제주를 찾는 사람 모두가 함께 누리던 수려한 풍광을 이제는 소수가 독점하고 만 것이다. 더 이상 예전의 섭지코지는 찾아보기 어렵다.

　　담으로 가로막힌 섭지코지 초원의 대부분은 접근 불가의 성역

현대 산업 사회는 광신적인 종교집단이나 다름없다. 우리는 지구 상의 온갖 생명 시스템을 먹어치우고 독살하며 파괴하고 있다. 우리의 아이들이 도저히 감당할 수 없는 차용증서에 우리가 서명하는 셈이다. 우리는 이 지구에 사는 마지막 세대라도 되는 양 제멋대로 행동하고 있다. 나의 마음속 깊숙이, 자신의 비전 한가운데 근본적인 변화가 없다면 지구는 숯처럼 검게 그을려 황막한 금성처럼 종말을 맞게 되리라.

— 호세 루첸베르거 (1992년 리우 환경회의의 창시자)

이다. 등대를 지나 일출봉이 보이는 초원으로 가던 길도 끊겼다. 자유롭게 드나들던 초원을 가로막은 울타리를 보니 울화가 치민다. 올레길은 잊혀진 길도 찾아주고 끊어진 길도 이어주고 막힌 길도 뚫어주는데, 있는 길마저 없애버리는 자본의 횡포 앞에 나그네는 그저 망연할 뿐이다.

섭지코지 초입보다 더 참혹한 곳은 말들이 한가로이 풀을 뜯던 초원이다. 초원의 풍광을 뭉개버린 콘크리트 건물. 초원 한복판에는 레스토랑 건물이 들어섰다. 누가 그들에게 풍경을 파괴할 권리를 부여했을까. 초원에 지어진 이 건물은 일본의 건축가 안도 다다오가 설계했다. 일본의 섬 나오시마의 지중미술관 건축으로 유명한 세계적인 건축가 안도 다다오. 그가 지은 건물은 건축미가 있을지 몰라도 섭지코지의 경관을 파괴했다는 점에서는 콘도나 빌라와 하등의 차이가 없다. 나오시마 섬의 경관을 해치지 않기 위해 땅속으로 건물을 집어넣었던 안도 다다오도 돈의 위력 앞에서는 무력했나 보다.

더구나 이 건물은 명상센터라는 그럴듯한 이름까지 달고 있다. 하지만 실상은 장삿속이 뻔히 보이는 상업적인 의도로 지어진 건물에 지나지 않는다. 답답한 시멘트 건물 안이 명상하기 좋은지 푸른 초원 위가 명상하기 좋은지는 지나가던 말에게 물어봐도 피식 웃을 일이 아니겠는가. 명상센터는 섭지코지에서의 명상을 방해하는 장애물일 뿐이다. 입장료를 지불해야 들어갈 수 있는 명상센터

안에는 전시실과 카페, 전망대 레스토랑 등이 있다. 인공구조물로 만들어진 세상의 모든 전망대가 전망을 해치는 전망대이듯, 이 레스토랑 전망대 또한 섭지코지의 수려한 전망을 파괴하는 전망대다.

 오늘 섭지코지의 길에는 초원을 노닐던 말들은 사라지고 레스토랑 손님을 실은 전기자동차들만 유유히 질주하고 있다. 사업주는 이곳을 국내 최초의 친환경 해양리조트로 개발했다고 기만적인 언어로 선전한다. 그러나 그렇다고 해서 진실이 가려지는 것은 아니다. 아름다운 경관을 파괴하고 인공적인 구조물을 만드는 행위는 그것이 아무리 뛰어난 건축물일지라도 건축하지 않는 것만 못하다. 자연유산인 섭지코지를 파괴하고 들어선 저 건물들은 분명 제주의 재앙이다. 이제 나는 다시 섭지코지에 가지 않을 것이다.

나 죽어 노래가 되리

나 죽어 노래가 되리
어느 저녁
길가 담장에 기대앉아
생애와 하직하리
그리움과 하직하리
사랑과 하직하리
나 죽어
못다 부른 사랑의 노래가 되리
대숲에 우는 바람이 되리
적막한 그리움 되리

태　고　의
힘
비　양　도

원형의 섬

봄날이었다. 산길을 오르고 있었다. 누군가 거대한 쇠창으로 등을 찔렀다. 왜지? 누구지? 나는 생의 침략자를 도무지 짐작조차 할 수 없었다. 고통이 엄습했지만 숨이 턱 막혀 신음조차 나오지 않았다. 핏물이 대지를 적셨다. 산 아래 청보석의 바다가 붉은빛으로 물들어갔다. 의식이 점점 희미해지는데 공중에서 사람들이 깔깔거리는 웃음소리가 그치지 않았다.

　　꿈이었다. 비양도 케이블카 소식 때문이었을까, 악몽은.
　　협재와 비양도 사이에 케이블카가 생긴다는 소식을 처음 접한 것은 「오마이뉴스」에 실린 서명숙 이사장의 글을 통해서였다. 서귀포에서 여러 달을 머무는 동안 한번도 불면의 밤이 없었건만 그날 이후 나는 단 하루도 편한 잠을 자지 못했다. 비양도는 제주에서 가

손가락이 가시에 찔리면 온몸으로 통증을 느끼듯 땅도 인간도 일부분이 병들면 온 세계가 아플 수밖에 없다. 까닭 없이 몸이 아픈 것은 누군가 고통 중에 있다는 것이고, 알 수 없는 고독을 느낀다는 것은 어딘가 소외된 존재의 눈물이 있다는 것이다.

— 박기호 신부

파도와 함께 난개발의 광풍에 휩쓸리지 않고 원형이 가장 잘 보존된 천혜의 섬이다. 애기업개돌을 비롯한 수많은 기암괴석과 에메랄드빛 바다는 비양도를 '환상의 섬'이라 부르기에 충분하다. 그런 섬에 케이블카라니.

내 몸과 정신의 촉수는 온통 비양도를 향해 뻗어갔다. 비양도를 처음 다녀온 날 이후부터 내내 비양도를 품고 살았던 것이다. 나는 지난 몇 년 사이 비양도는 물론 제주 본섬과 마라도, 우도, 가파도, 상추자도, 하추자도 등 제주를 걷고 또 걸었다. 어디 비양도뿐이겠는가. 그때 이후 제주 모두를 품고 살았다. 제주를 온몸으로 느끼며 걸어본 사람이라면 어느 누가 제주를 품지 않을 수 있을까. 대체 제주의 마력은 어디에서 오는 것일까. 아마도 파괴되지 않고 여전히 남아 있는 자연의 힘이 아닐까.

그렇다. 제주가 세계자연유산이 된 것도 태고의 신비가 그대로 남아 있는 자연 때문이다. 하지만 개발주의자들은 세계자연유산 지정을 또 다른 개발의 기회로만 생각하는 듯하다. 개발이 가속화되는 순간 제주가 세계자연유산의 지위를 박탈당하리라는 것을 왜 그들은 모르는 것일까.

모르는 것이 아니겠지. 개발의 기회만 주어진다면 자연유산이든 아니든 그런 건 상관없겠지. 그러니 그 아름다운 한림 바다와 비양도 사이에 케이블카를 설치하겠다는, 말도 안 되는 발상을 할 수 있었던 것이겠지. 경관 보호를 위해 노출된 전신주를 없애고 전선마저 지하로 매설하는 판에 거대한 철탑과 대롱거리는 깡통들이라니!

생태계를 파괴하고 경관을 사유화하는 케이블카

협재와 비양도 사이에 케이블카를 설치하면 한림 바다는 놀이공원이 되어버리고 말 것이다. 그것이 경관을 해치리라는 사실은 논란의 여지가 없다. 케이블카 정류장과 대량 유입되는 관광객들로 국내 유일의 비양나무 자생지인 비양봉의 생태계가 파괴될 것이라는 사실 또한 자명하다. 그럼에도 제주나 개발업체가 케이블카 사업을 계속 추진하겠다는 이유는 명확하다. 경제 논리. 하지만 주민 공청회에서 비양도와 한림의 지역주민들은 케이블카 설치가 지역 경제에 별 도움이 되지 않을 것이라고 우려를 표명한 바 있다. 나 또한 주민들의 의견에 절대적으로 동의한다. 그래서 개발업체의 주장에 대해 의심을 지울 수 없다. 정말로 개발업체의 주장처럼 케이블카 설치로 제주 서부권 관광경쟁력 강화와 지역주민의 고용효과를 촉발시킬 수 있을까?

　　업체가 밝힌 지역주민의 고용효과는 고작 주민 열여섯 명을 청소부와 관리인 등으로 고용하겠다는 것이 전부이니 더 이상 거론할 가치조차 없다. 그럼 서부권 관광경쟁력은 강화될 것인가? 개발업체의 주장처럼 케이블카를 타기 위해 수십만 명의 관광객이 몰려들 것이다. 그것을 부정하지는 않겠다. 그러나 과연 관광객이 남기고 가는 이익이 도대체 누구에게 돌아갈까? 비양도 주민들일까? 아니다. 당연히 개발업체다. 개발업체가 이익을 고스란히 가져가는 것이 제주 서부권 관광경쟁력 강화와 무슨 상관이 있다는 말인가.

    그 누구도 무조건 개발을 반대하지 않는다. 문제는 개발할 것인가 말 것인가가 아니다. 누구를 위한 개발인가다. 어떠한 개발인가다. 지금까지 제주의 개발은 철저하게 외부자본만 배를 불리는 개발이었다. 개발업자를 위한 개발인가? 주민들을 위한 개발인가? 파괴적인 개발인가? 지속가능한 개발인가? 이제는 주민들을 위한 개발, 지속가능한 개발을 할 때도 되지 않았는가.

연대도 에코 아일랜드에서 대안을 찾다

케이블카 외에는 비양도를 개발할 방법이 없을까? 경관을 해치지 않고 생태계와 환경을 파괴시키지 않으며 비양도 주민들이 이익을 얻는 개발은 과연 할 수 없는 것일까? 여러 날을 번뇌하며 보내던 중 문득 통영의 연대도가 떠올랐다. 통영의 달아 마을에서 뱃길로 10여 분 거리에 있는 연대도. 한려해상 국립공원에 속하는 연대도 일대 바다의 경관 또한 비양도의 풍경 못지않은 절경이다. 하지만 연대도는 비양도와 정반대의 길을 가고 있다.

생각난 김에 나는 곧장 통영으로 향했다. 2009년 10월 13일, 마침 연대도 마을 회관에서는 화석에너지 제로를 목표로 한 태양광 발전 설비 공청회가 열리고 있었다. 섬 주민들과 지방의제21 윤미숙 사무국장과 통영시청 공무원들, 태양광 설비업자들 간에 진지하고 심도 깊은 토론이 이루어졌다. 주민들은 거침없이 의견을 개진했고 시청 공무원들의 자세는 겸손했다.

경상남도 통영시 산양읍 연곡리 연대도. 통영은 2009년 시민단체인 지방의제21의 제안을 받아들여 연대도 주민들의 의견을 수렴한 뒤 84억 원의 예산을 편성하고 연대도를 생태 섬, 무공해 섬, 화석에너지와 쓰레기 제로의 섬, 에코 아일랜드로 만드는 사업을 진행하는 중이다. 외부 자본을 배제하고 섬 개발의 이익이 주민들에게 돌아가는 지속가능한 개발을 추진하고 있는 것이다.

과거 연대도 바다에는 전복, 소라, 해삼 등이 지천으로 깔렸었다. 해마다 서른 명이 넘는 제주도 해녀들이 들어와 물질을 하고 갔다. 그래서 한때는 돈이 넘친다 해서 '돈섬'으로까지 불렸다. 하지만 어느 때부터인가 섬에는 해산물이 종적을 감추고 노인들만 남아 늙어가고 있다. 가난하고 소외된 섬, 그 덕분에 섬은 개발의 광풍을 피할 수 있었다. 섬은 난개발이 이루어지지 않고 원형이 거의 그대로 보존되어 있다. 그런 점에서 연대도는 여러모로 비양도와 비슷하다.

연대도 에코 아일랜드 사업이 진행되면서 섬은 다시 활력이 생기기 시작했다. 벌써 출향자 중 젊은이들 몇은 귀향 가능성을 타진하고 있기도 하다. 섬이 다시 젊어질 가능성이 생긴 것이다.

1단계로 연대도 주민들은 농사를 짓지 않고 버려둔 33층의 다랭이밭을 야생화밭으로 조성하고 폐교를 리모델링해 숙박을 겸한 에코체험 센터를 가동했다. 이들 사업에서 나오는 이익은 주민들에게 균등하게 분배된다. 앞으로 태양광, 풍력 발전 설비를 도입하고 생태 탐방로 및 허브단지 조성, 대안 에너지 체험 시설 설치, 전통 어가 및 연대도패총 복원, 대표 브랜드 농수산물 개발 등 다양하고 친환경적인 개발이 이루어질 것이다. 이들 모두 자연을 훼손하지 않고 주민이 주체가 되는 사업들이다. 연대도 에코 아일랜드 사업은 벌써 그 가능성을 인정받아 2009년도 지속가능대상 국무총리상을 받기까지 했다.

케이블카 대신 에코 아일랜드로

연대도 에코 아일랜드 사업 현장을 둘러보면서 나는 이 섬이 비양도의 모델이 될 수 있겠다는 생각이 들었다. 경관을 해치고 생태계를 파괴하며 섬 주민들에게는 이익도 없는 케이블카가 아니라 경관, 생태계, 주민 모두 살리며 개발업자가 아닌 주민 주도의 지속가능한 개발 방법이 있는데 왜 굳이 케이블카를 설치해야 한다는 말인가.

대체로 높은 산에 케이블카를 설치하는 이유는 노약자나 장애인 등 소외계층까지 경관을 즐기게 해주겠다는 명분이 있다. 하지만 비양도는 케이블카가 아니라도 배를 타고 20분이면 노약자나 장애인도 쉽게 접근할 수 있다. 또한 10분이면 오를 수 있는 비양봉 정상에서는 답답한 케이블카보다 더 아름답고 탁 트인 경관을 맛볼 수 있다. 그럼에도 케이블카를 설치하겠다는 것은 입장료 수입에 대한 욕심이 아니겠는가. 단지 개발업체의 입장료 수입을 위해 한림 바다의 풍경이 사유화되고 비양도의 생태계가 파괴되는 것을 방치한다면 우리는 모두 후손에게 씻을 수 없는 죄인이 될 것이다.

케이블카가 들어서는 순간 비양도는 더 이상 주민이 아니라 개발업자의 것이 되리라는 사실은 너무도 명확하다. 섬의 주인이 비양도 주민인데 어째서 개발업자가 섬의 입장료를 챙겨간단 말인가. 섬이 주는 혜택은 주인이 누려야 마땅하지 않겠는가.

제주도에 간곡히 제안한다. 이제 그만 케이블카 설치 계획을 포기하고 통영시처럼 비양도를 에코 아일랜드로 만드는 것이 어떠시겠는가. 주민 주도의 지속가능한 개발이 되도록 지원해주는 것은 또 어떠시겠는가. 남해 바닷가의 작은 도시 통영시도 하는 일을 어찌 제주특별자치도가 능히 할 수 없겠는가.

바위에 갇힌 자들

진정한 순례자의 길

화순해수욕장 너머 산방산 아래 작은 해변, 나그네는 잠시 동굴에 들러 쉬었다 간다. 햇빛이나 바람을 피하기 좋은 동굴. 동굴 안쪽은 돌무더기로 막혀 있다. 본래 동굴은 그 끝을 알 수 없을 정도로 길게 뚫려 있었다. 그런데 강아지건 아이들이건 동굴 속으로만 들어가면 종적을 감추고 말았다. 실종 사고가 많아지자 마을 사람들은 돌을 날라다 동굴 중간을 막아버렸다. 나는 저 돌무더기를 뚫고 동굴의 끝까지 가보고 싶은 충동을 느낀다.

    동굴 탐사는 다음으로 미루자. 다시 길을 나선다. 해안 절벽에는 기암괴석들이 사열하듯 서 있다. 바위틈에는 돌이 된 사람들도 갇혀 있다. 저들은 대체 무슨 벌을 받아 저리 된 것일까. 세상은 온통 은유와 상징으로 가득하다. 신화와 설화, 전설과 민담, 어느 하나

은유가 아닌 것이 없다. 삶은 온통 풀어야 할 암호 투성이다. 삶에 은유가 없다면 우리는 늘 화살을 쏘며 다녀야 할 것이다. 신화 속에는 신의 분노를 사 돌이 된 사람들의 이야기가 많다. 알라신의 부름을 거역한 페르시아의 한 도시는 전체가 돌이 되어버렸다. 여호와의 저주로 소돔을 떠나던 롯의 아내는 뒤돌아보지 말라는 명령을 거역한 죄로 소금기둥이 되었다. 저들 또한 제주의 창조신 설문대할망의 노여움을 산 것일까. 옥황상제의 벌이라도 받은 것일까. 아닐 것이다. 아무리 큰 죄를 지었다 한들 자애로운 성모와 성부가 어찌 자신의 자녀를 저토록 가혹하게 가두어둘 것인가. 자식에 대한 분노 때문에 자식을 돌덩이로 만들고 감옥에 처넣는 신이라면 그가 어찌 창조주고 하느님이라 할 수 있겠는가.

만약 저주를 퍼부어 그의 자녀를 돌로 만든 신을 만나게 된다면 나는 그를 개나 물어가라고 던져 줘버릴 것이다. 아무리 분노와 질투심 강한 사람이라도 자기 자식에게만은 자비로운 법이다. 하물며 전능한 신들임에랴. 창조주는, 신은 결코 분노와 저주의 신일 리 없다. 사람을 가둔 것은 신이 아니다. 사람 자신이다. 스스로 가슴이 멍들어 돌로 굳어진 자들. 저들을 어찌 구해낼 수 있을까.

기도. 그렇다, 기도다. 바위에 갇힌 부처도 불러내고 하늘의 신도 강림하게 하는 것이 기도의 힘 아닌가. 이 길을 걷는 이들 모두 간절히 기도한다면 저들도 반드시 풀려나 자유를 얻을 것이다. 나는 바위에 갇힌 저 돌사람들이 나오기를 기도하며 걷는다. 갇힌 자의 해방을 염원하며 걸어가는 이 길은 진정한 순례자의 길이다.

| 진정한 순례자의 길 올레 10코스 |

왕 숲 갔 은 으로 다

서귀포 자연휴양림

잠시 뭍에 나갔다가 다시 제주로 돌아왔다. 돌아왔다는 말이 자연스럽게 나오다니 이제 반은 제주 사람이 된 것인가. 몸이야 정착을 모르지만 어쩌면 마음의 반쪽은 늘 제주에 머물게 될지도 모를 일이다.

중문에서 서귀포 자연휴양림으로 가는 버스를 탄다. 저지대의 숲은 상록수와 낙엽수들이 뒤섞여 두 겹의 색채로 덧칠해져 있다. 푸른 잎이 성성한 삼나무와 소나무들, 마른 풀과 가지뿐인 겨울나무들. 제주의 겨울 숲은 생生과 사死의 중간에 위치한다. 삶과 죽음이 공존하는 숲. 겨울 숲은 침묵의 말씀으로 생사불이生死不二의 법문을 들려주는 선지식이다. 버스는 자연휴양림 입구에 나그네 혼자만 내려주고 1천1백 고지를 향해 질주한다.

골짜기 마을 사람들에게는 저마다 '나의 나무'로 정한 나무가 숲의 높은 곳에 있다. 사람의 혼은 그 '나의 나무'의 뿌리에서 골짜기로 내려와 인간의 몸속으로 들어간다. 그리고 죽을 때는 몸은 없어지지만 혼은 자기 나무가 있는 곳으로 돌아간다.

― 오에 겐자부로, 「나의 나무 아래서」

서귀포 자연휴양림은 7백 고지 무렵에 위치한다. 옛날에는 자연휴양림 일대가 화전민촌이었다. 중산간지대로 갈수록 제주의 숲은 메마른 겨울색으로 짙어간다.

겨울 오후의 숲은 적막하다. 탐방객은 눈에 띄지 않는다. 바람이 지나가고 숲이 일렁인다. 오늘 이 겨울 숲의 주인은 사람이 아니다. 검은 옷의 전령인 까마귀들이다. 이들은 떼를 지어 날기도 하고 삼나무나 소나무 가지에 앉아 경계를 살피기도 한다.

"까악까악." 까마귀들이 지껄이는 소리가 숲의 고요를 깬다. 저 소리는 무슨 징조일까. 뭍에서라면 까마귀 소리는 나쁜 징조다. 그러나 제주에서는 다르다. 제주에서는 까마귀를 기쁜 소식도, 불길한 소식도 모두 전하는 새라고 믿는다. 그래서 제주 사람들은 까마귀를 깊이 존경한다. 까마귀는 검은 옷의 심방이다. 옛 제주에서는 까마귀가 동쪽 방향으로 울면 재물 운이 있고 서쪽을 향해 울면 집안에 병환이 있을 징조로 여겼다. 남쪽 방향으로 울면 귀신이 들고 북쪽 방향을 향해 울면 손재수損財數가 생긴다고 여겼다. 또 급하게 울면 나쁜 일이 일어나고, 한가롭게 울면 좋은 일이 생길 것이라고 여겼다. 까마귀는 신의 전령이자 점술가이기도 했다. 오늘은 까마귀들이 사방을 향해 울어대고 있다. 좋은 일도 나쁜 일도, 재물운도 손재수도, 모든 일이 벌어질 것이라는 예언일까. 이 세상에서는 무슨 일이든 다 일어날 수 있다는 전언일까.

서귀포 자연휴양림은 인공림이 아닌 자연림이라 숲의 식생이

다양하고 자연스럽다. 이곳의 숲은 극상림이다. 햇빛에 민감한 소나무보다 햇빛을 적게 받아도 생존이 가능한 단풍나무, 졸참나무, 서어나무가 우점종優占種이다. 지금은 서어나무가 대세다. 감탕나무와 사스레피  나무 등 상록수도 더러 눈에 띄지만 그보다는 비목나무와 당단풍나무, 참꽃나무, 나도밤나무, 채진목, 때죽나무 등 낙엽수가 더 우세하다.

빈 공간으로 쏟아지는 빛. 겨울 햇살에 은빛 가지들이 반짝인다. 헐벗은 겨울나무들, 저 나무들에게 겨울은 단지 통과의례처럼 지나가는 하나의 계절은 아닐 것이다. 저들 모두 봄까지 살아남을 수 있을까. 겨울나무는 찬바람 한 자락에도 생사가 걸려 있다. 나무들은 생사의 경계에 서서 비가역적인 시간을 가역한다. 생사의 길목이 아득하다.

오늘 나는 어째서 화려한 꽃도 채색의 단풍도 없는 겨울 숲에 왔을까. 돌이켜보면 나는 늘 저 나무들보다는 나무들이 피워 올리는 꽃을 보기 위해 산을 찾았다. 일생에 한번도 꽃을 피워보지 못하고 시들어버리는 많은 인생들처럼 나 또한 쓰린 가슴 쓸며 해마다 꽃피는 시절을 기다리며 꽃을 찾아다녔다. 벚꽃을 보러 대흥사와 쌍계사로 갔고, 매화를 취하러 선암사와 악양으로 갔다. 또 꽃피운

산수유를 보기 위해 산동 마을까지 가기도 했다. 나는 언제나 꽃만 쫓아다녔다. 그러나 오늘 나는 꽃이 아니라 헐벗은 겨울나무를 찾아 이 고적한 겨울 숲으로 왔다.

잎을 다 떨구고 서 있는 겨울나무들. 빈 몸의 겨울나무에게서 나는 무상함이 아니라 처절한 자기 갱신의 마음을 본다. 참으로 혹독한 시련의 계절, 모든 것을 다 버려야만 겨우 목숨 하나 부지할 수 있는 절명의 시간. 그런 겨울의 시간을 견뎌낸 나무만이 마침내 따뜻한 봄 햇살로부터 새로운 생명을 부여받을 수 있다. 사람 또한 그러할 것이다. 서귀포의 겨울 숲, 오늘에야 나는 사람이 꽃보다 잎 지는 나무와 가깝다는 것을 알겠다. 화려한 꽃들보다 헐벗은 겨울나무가 아름다움을 비로소 알겠다.

왕은 숲으로 갔다

겨울 숲을 거닐며 나는 문득 인도의 한 왕을 떠올린다. 왕은 인도출신의 평화운동가 사티쉬 쿠마르의 자서전 『사티쉬 쿠마르』에 나오는 이야기의 주인공이다.

옛날 인도 어느 나라에 현군으로 이름난 바트리 하리 왕이 살았다. 왕의 궁전에는 오랫동안 고행과 명상 수행을 해온 구루가 있었다. 어느 날 비슈누 신이 나타나 구루에게 수행에 대한 보답으로 영생불멸의 열매를 건네주었다. 하지만 구루는 영생불멸의 열매를 먹지 않았다. 자신이 영생을 누리기보다는 현명하고 자비로운 바트리 하리 왕이 영생을 누리며 나라를 통치하는 것이 백성에게 이로울 것이라고 생각했기 때문이다. 그래서 구루는 영생불멸의 열매를 바트리 하리 왕에게 바쳤다.

영생불멸의 열매를 얻은 왕은 깊은 고민에 빠졌다. 왕은 왕비 핀글라를 자신의 목숨보다 아끼고 사랑했다. 왕비는 젊고 아름다웠다. 왕은 생각했다. '왕비가 죽고 난 뒤 혼자만 영원히 살게 된다면 그 삶은 축복이 아니라 저주일 것이다.' 그래서 왕은 왕비에게 영생불멸의 열매를 건넸다. 하지만 열매를 받은 왕비도 그것을 먹지 않았다. 왕비는 젊고 잘생긴 왕의 호위병을 사랑하고 있었다. 왕비는 왕에게 받은 영생불멸의 열매를 애인에게 주었다.

그러나 왕비의 애인 또한 그 열매를 먹지 않았다. 그는 보석보다 빛나는 젊은 여인을 사랑하고 있었다. 그녀는 왕의 시녀였다. 왕비의 애인은 시녀에게 열매를 건넸다. 그러나 시녀 또한 열매를 먹지 않았다. 시녀는 자신이 모시는 바트리 하리 왕을 진심으로 사랑하고 있었다. 그래서 그녀는 영생불멸의 열매를 바트리 하리 왕에게 바쳤다. 왕비에게 건넨 영생불멸의 열매가 다시 자신의 손으로 돌아오자 왕은 소스라치게 놀랐다. 문득 왕은 '꿈'에서 깨어나 숲으로 갔다.

천국

인간에게 천국이란 연인과 여행자에게만 허락된 공간이다.
어떠한 여행지도 여행자에게는 천국이다.
어떠한 연애도 연인에게는 피안이다.
하지만 명심하라 여행자여!
어떠한 천국도 정착지가 되는 순간 지옥으로 돌변한다.
명심하라 연인이여!
그대들의 천국 또한 그러하리니.

05

제주 속으로 들어가다

이 승 에
집 을 두 고
저 승 에
직 장 을 두 고

제주의 여왕 제주의 여신 해녀

어제 보목리 구두미 바다에서 팔순의 노해녀가 물질을 하다 돌아가셨다. 이 소식을 듣고 나는 슬픔보다 안도감에 젖는다. 살아서는 갈 수 없는 제주 사람들의 유토피아, 이어도. 물고기처럼 평생을 바다에서 살아온 노인의 혼백은 이어도로 떠나고 빈 껍질만 물고기로 떠올랐을 것이다. 뭍의 노인들이 논에서 김을 매다 죽는 것처럼 제주 해녀들은 바다에서 죽음을 맞이하는 것이 자연스러운 일이다. 뭍에서는 관절이 아파 제대로 걷지도 못하는 팔순의 해녀도 바다로 가면 자유롭게 유영할 수 있으니 노해녀는 마음껏 헤엄치다 떠난 것이다. 제주 해녀들에게 바다는 끝끝내 돌아가야 할 모성의 바다. 어머니의 품, 이어도로 갔으니 노해녀의 죽음이 슬프지 않은 것은 그 때문이다.

"혼백상자 등에 지고
가슴 앞에 두렁박 차고
한 손에 빗창을 쥐고
한 손에 낫을 쥐고
한 길 두 길 깊은 물속
허우적허우적 들어간다"

"호잇." 노해녀가 삶을 떠났지만 오늘도 법환포구 앞바다는 물질하는 해녀들의 숨비소리로 생명력 넘친다. 숨을 참고 물질하다 바다 위로 솟아오르며 내뱉는 소리, 막혔던 숨통이 터지는 소리, 생명의 소리. 숨을 쉴 수 없는 바닷속은 더 이상 이승이 아니다. 해녀들은 하루에도 수백, 수천 번씩 이승과 저승 사이를 넘나든다. 이승에 집을 두고 저승에 직장을 둔 이들.

6월의 한낮, 이즈음 해녀들이 제주 바다에서 가장 많이 잡아올리는 것은 성게다. 가시가 긴 보라성게는 4월부터 8월까지가 제철이다. 알이 가득 차는 때는 6월과 7월 두 달 남짓이다.

"겨울에는 하나도 없어. 똥밖에 없어."

요즈음은 산란기에 접어든 소라와 전복은 잡지 않는다. 소라는 10월부터 이듬해 5월까지 작업하면 끝이다. 여름에는 미리 잡아둔 것을 판다. 자연산 전복은 거의 없다. 해녀의 집에서 파는 것도 대부분 양식이다.

오로지 알밖에 먹을 것이 없는 성게는 알이 찼을 때가 아니면 잡아도 소용이 없다. 해녀들은 오전 내내 물질해서 잡아온 성게를 까느라 하루종일 쉴 틈이 없다. 각자 작업해온 성게들은 어촌계를 거쳐서만 출하된다. 제주 각처에서 온 상인들이 어촌계를 통해 성게를 매입해간다. 해녀 한 사람 당 하루 평균 성게 알을 2킬로그램 정도씩 수확한다. 가격은 1킬로그램 당 4만 원에서 5만 원 선. 도시의 횟집에서 성게 알이 얼마나 귀한 대접을 받는가. 소비자들은 성게를 열 배, 스무 배 비싼 값으로 사먹는 것이다. 여기서도 이득은 순전히 중간상이나 횟집 상인의 몫이다.

한겨울에도 벌거벗고 전복 캐던 잠녀들

해녀는 본래 잠수, 잠녀라 했다. 해녀란 말은 일본식 표현이다. 제주 사람들은 남녀 구분 없이 대개 배를 타거나 잠수하는 일로 생을 이어갔다. 옛날에는 잠녀나 포작(전복을 따서 관에 공물로 바치는 남자 잠수)에 대한 수탈이 극심했다. 조선 세종 때 제주 안무사 기건은 추운 겨울에 벌거벗고 전복을 캐다 바치기 위해 물질하는 잠녀들을 본 뒤로 평생 전복과 소라를 먹지 않았으며 김정은 「제주 풍토록」에 "잠녀들은 탐관을 만나면 거지가 되어 돌아다닌다"라고 기록할 정도였다.

과거 제주 사람들은 죽을 때까지 온갖 의무에 시달렸다. 남자들은 모두가 평생 군역을 져야 했다. 어린아이나 여든 살 노인까지도 군역을 면할 수 없었다. 제주 목사를 지낸 이형상도 『남환박물』에 "갓 태어나 머리가 채 마르지 않아도 신역身役이 있다"라고 기록할 정도였다. 왜구의 침략으로부터 생명과 재산을 제대로 보호해주지도 못하는 왕조가 공납과 세금, 군역 등 의무를 지우는 데는 가혹했다. 심지어 여자까지 군역을 담당했다. 김상헌의 『남사록』에는 "제주에는 남정이 5백 명, 여정이 8백 명"이라는 기록이 남아 있다. 군역이나 전복을 따는 역 외에도 제주 사람들은 귤을 재배하고 진상하는 역, 뱃사람의 역, 말을 기르는 역 등 수도 없이 많은 고역에 시달렸다. 그중에서도 뱃사람의 역으로 목숨을 잃는 제주 사람이 해마다 수백이었다.

슬프다 선인船人이란 사람들이 져야 하는 역이다. 아침에 배 하나가 표류하면 사람은 죽는 것이고 저녁에 배 하나가 침몰했다 해도 뱃사람이 죽게 된다. 이러므로 뱃사람으로서 죽어서 뼈를 고향의 산에 묻는 일이 드물다. 탐라 사람으로서 그 역을 피하기란 마치 함정이나 그물을 피하기와 같이 어렵다.

— 최부, 『표해록』

고통의 삼다도

16세기 후반, 수탈을 피해 뭍으로 도망친 제주 남자들만 만 명이 넘었다. 공납이나 부역, 가혹한 세금 등에 시달리다 제주를 탈출하는 남자들이 점점 증가하자 조선왕조는 그것을 막기 위해 출륙 금지령을 내렸다. 1629년(인조 7년)부터 1834년(순조 34년)까지 2백 년간 계속된 출륙 금지령은 제주 사람 전체를 유배 죄인으로 만든 악법이었다. 제주는 그 자체로 감옥이었다. 뭍으로 탈출하거나 바다에서 수장 당해 돌아오지 못하는 남자들이 많아지면서 남녀 성비 균형이 깨졌다. 여다女多의 섬. 제주가 돌, 바람과 함께 여자가 많은 삼다도三多島라는 이름을 얻게 된 이면에는 그토록 아픈 수탈의 역사가 숨어 있다. 늘 목숨을 위협하는 바람, 과부가 된 여자가 넘쳐나는 삼다도는 낭만의 삼다도가 아니라 고통의 삼다도였다.

해녀들은 그 경력에 따라 상군, 중군, 하군으로 위계가 엄격하다. 생사의 경계를 넘나드는 직업인 까닭에 규율이 세다. 지도자인 상군 해녀의 풍모는 늠름하다. 시바 료타로는 『탐라기행』에서 상군 해녀를 "고대의 여왕 같다"라고 표현했다. 제주올레 서명숙 이사장 역시 그녀의 책 『제주걷기여행』에서 상군 해녀를 "여신과 같다"라고 묘사했다. 충분히 이해되고도 남는 수사다.

근대에 들어서서도 해녀들은 부산, 울릉도, 백령도는 물론 중국, 러시아, 일본까지 원정 잠수를 다녔다. 동아시아 바다가 모두 제주 해녀의 바다였다. 제주 해녀처럼 적극적이고 진취적인 기상의 여성상은 한국 역사에서 좀처럼 찾아보기 어렵다. 물질을 나갔다가 배에서 해산하는 산모도 많았다. 그래서 제주 사람들에게는 바다가 집이요, 배 밑창이 칠성판이었다. 그런데 제주 어디나 그렇듯이 이제는 법환포구에도 노해녀들만 남아 있다. 해녀의 시대가 저물어간다. 머잖아 해녀는 전설로만 남게 될지도 모를 일이다.

* 올레길 어느 곳으로 가든 해녀들을 만날 수 있다. 하지만 특히 1코스 성산항, 7코스 법환포구, 8코스 중문해녀의 집, 서귀포 새연교 입구 등에 가면 늘 해녀를 볼 수 있다.

| 해녀를 만날 수 있는 올레 1코스 |

슬픔의 다크 올레

능욕의 기억, 알뜨르 비행장

2월 중순, 모슬포 들판은 감자 수확철이다. 겨우내 제주의 검은흙 속에서 알이 영근 감자들이 따뜻한 햇볕에 뽀얀 속살을 드러냈다. 겨울이 따뜻한 덕에 제주에서는 감자를 이모작할 수 있다. 묵은 감자가 아니라면 초봄 뭍의 시장에서 만나게 되는 감자는 대부분 제주에서 건너간 것이다. 남자가 경운기로 땅을 뒤집으면 여자들은 감자를 주워 자루나 상자에 담는다.

    알뜨르 비행장으로 가는 길, 할머니 한 분이 감자밭의 풀을 매는 중이다. 경운기로 곧바로 갈아엎고 감자를 캐면 될 텐데 어찌 풀을 매시나? 경운기로 감자밭을 갈면 풀이 잘리기만 할 뿐 뿌리까지 뽑히지 않고 흙더미 속에 파묻혀 있다가 다시 자라난다. 그래서 감자를 캐기 전에 풀을 매는 것이다. 다음 농사를 잘 짓기 위한 할머니

우리는 평화를 지겨워하는 자들 틈에 너무 오래 살았구나. 평화라는 말 한마디만 해도 저들에게는 싸움거리가 되는구나.

— 성서 시편

의 지혜다.

일혼여덟 살인 할머니는 오랜 세월 모슬포 바다에서 해녀로 살았다. 지금은 "힘이 딸려서" 은퇴했다. 영감이 오십도 못 되어 세상을 떠나는 바람에 홀몸으로 물질해서 아들 여섯, 딸 넷을 다 공부시키며 키워냈다. 할머니는 감자밭뿐 아니라 마농(마늘)밭도 2천 평 정도 일구신다. 혼자 할 수 없으니 사람을 사서 농사를 짓는다. 인건비를 제하면 남는 것이 있을까?

"그래도 남의 일 하는 것보다는 났수다."

모슬포는 바람의 고장. 할머니는 평생 그 모진 바람을 다 견디셨다.

"혼나게 바람이 쎄, 말도 못해."

할머니는 올겨울 바람도 이겨내시고 질긴 풀뿌리처럼 또 살아남으셨다.

제주 어딘들 아니겠는가마는 모슬포는 유독 어두웠던 과거의 상흔이 깊은 곳이다. 일본 제국주의 세력의 전쟁 시설들과 대한민국 군경의 양민학살 현장들. 그러므로 올레 11코스는 다크 올레다. 이 들판에 일제가 만든 알뜨르 비행장도 있다. 감자밭에는 흙과 잔디로 은폐된 비행기 격납고들이 산재해 있다.

태평양전쟁 말기에 일본 제국은 미국에 밀리자 일본 본토 사수를 위한 옥쇄투쟁의 거점으로 제주도를 택했다. 제주 사람들의 목숨을 볼모 삼아 일본 본토 공격을 저지하려 한 것이다. 그것이 이

른바 결7호 작전이다. 패색이 짙어지던 1945년 4월, 일본과 만주로부터 7만여 명의 대규모 병력이 제주에 집결했다. 그때 비행장과 동굴진지, 포대, 참호, 고사포진지, 육해군 훈련장, 감시초소, 대피소, 특공대 기지, 전투기 격납고 등의 군사 시설이 들어섰다. 이런 시설들은 모두 한반도 본토와 제주도에서 강제로 끌려온 사람들의 피땀으로 건설된 것이다. 일제는 36년 동안 식민지 조선을 초토화하고도 모자라 마지막 순간까지도 이 땅을 능욕했다.

할머니는 모슬포에서 태어나 살며 일제의 야만을 몸소 겪으셨다.

"왜정 때는 일본군들이 얼마나 많이 들어왔는데. 수틀리면 조선 사람들 총으로 쏴 죽이고."

알뜨르 비행장 상공으로 원격조종 무인 비행기가 요란하게 난다. 비극의 현장이 이제는 레저를 즐기는 장소가 되었다.

"봉지 있으면 감자 좀 싸 가지."

할머니는 밭두둑 속의 감자를 호미로 캐내 보이며 가져가라고 말씀하신다. 탐스럽고 알토란 같은 햇감자. 저 귀한 것을 무슨 낯으로 그저 받아갈까.

"할머니 고맙습니다. 짐이 무거워서요."

나는 국가에 대한 사랑 때문이라고 말하면서 내 민족이 칼을 들어 이웃 나라를 정복하고, 재산을 약탈하며, 남자들을 살해하고, 어린아이들을 고아로 만들며, 여인들을 과부로 만들고, 그 나라 아들들의 피로 땅을 물들이며, 먹이를 찾아 헤매는 야수들에게 그 나라 청년들의 살덩이를 던져준다면, 내 조국과 민족을 증오할 것이다.

― 칼릴 지브란

양민학살의 핏물이 흐르는 섯알오름

할머니는 다시 감자밭의 풀을 매고 나는 또 알뜨르 비행장 끝자락 섯알오름으로 접어든다. 섯알오름은 4.3 항쟁의 유적지다. 한국전쟁 직후인 1950년 7월 16일, 대한민국의 군인들은 이 오름에서 제주의 무고한 양민 2백70명을 집단 학살했다. 1948년 4.3 항쟁 때도 대한민국 정부의 군과 경찰은 무고한 제주 사람 3만 명 이상을 학살한 바 있었다. 그 참혹한 피바람의 흔적이 채 가시기도 전에 제주에 주둔한 군인들이 다시 살육을 감행한 것이다. 그들은 일제가 독립 운동가들을 탄압하기 위해 만들었지만 미군정이 폐지시켜 사문화된 '예비검속' 법령을 빌미로 죄 없는 양민들을 끌고 가 저 구덩이 앞에 세워두고 총살시켰다. 학살자들은 그들의 사상이 의심스럽다며 좌익의 혐의를 덧씌웠으나 죽임을 당한 사람들 대부분은 유순한 농민들과 초등학교 교장, 교사, 공무원, 이장 등 이념과는 전혀 무관한 사람들이었다. 오히려 그들 중에는 우익청년단체인 대한청년단 회장들 다수가 포함됐다. 이들의 죽음은 57년 만인 2007년 11월 13일에야 대통령직속 진실 화해를 위한 과거사 정리위원회의 조사로 억울함이 밝혀졌다.

나는 섯알오름 희생자 추모비 앞에 묵념을 드리다 왈칵 눈물을 쏟아져 앞을 볼 수가 없다. 얼마나 서러운 죽음인가. 잔인한 일제의 억압에서도 살아남은 사람들이 해방된 조국에서 같은 민족의 손에 죽임을 당하다니. 그들을 암매장했던 구덩이에는 어제 내린 빗물이 흥건히 고여 있다. 요즘도 장마철이면 간혹 뼛조각들이 떠내려 온다. 진상이 밝혀졌지만 비극은 끝나지 않았다. 죄 없는 사람들을 학살하던 그 군인들은 진정 같은 민족이었을까. 아니, 그들은 진정 사람이기나 했을까. 문득 내가 같은 사람이라는 사실이 한없이 부끄러워진다.

애국을 명분으로 다른 민족을 죽이는 것도 가증스러운 범죄인 것을, 하물며 같은 민족끼리야 더 말해 무엇 하랴. 애국이라는 이름으로, 국가를 수호한다는 명분으로 자기 민족의 가슴에 총탄을 박은 자들, 뉘우침도 없이 살아남아 오히려 살육을 훈장처럼 여기는 자들. 죄도 없는 이들을 무참히 죽이고도 멀쩡한 그들의 심장은 돌이나 무쇠로 된 것일까. 이념이 무엇인지도 몰랐던 순박한 사람들을 좌익으로 덧칠한다고 그 죄가 감하여질까. 민족과 국가, 혈연과 공동체, 이념을 불문하고 함부로 해도 괜찮은 목숨이란 어디에도 없다. 양민학살은 애국이 아니라 그 어떠한 이유로도 합리화할 수 없는 참혹한 범죄다.

우리는 악마의 시대를 살았다. 그 악마는 여전히 사람들에게 좌익이란 이념의 색깔을 덧씌우길 즐기며 오늘도 이 땅을 배회하고 있다. 그들은 모처럼 찾아온 이 평화가 지겨운 것이다!

백조일손지묘

섯알오름을 내려와 올레길을 걷는다. 하지만 나는 결코 이 길의 끝까지 갈 수 없을 것이다. 올레길을 벗어나 백조일손 묘역으로 향한다. 백 명의 조상, 하나의 자손. 이 묘역에 조상을 모신 이들 모두가 한자손이다. 섯알오름에서 학살당한 사람들의 유해가 뒤섞여서 누구의 것인지 구분할 길이 없었기에 유족들은 뒤엉킨 유골들을 몰래 수습해 이 자리에 합동 안치시켰다. 4.19혁명 이후에야 유족들은 비로소 이 묘를 '백조일손지묘'라 명명하고 희생자들의 이름을 새긴 비석을 세웠다.

하지만 당시 세웠던 비석은 지금 온전하지 못하다. 파손된 잔해들이 따로 보관되어 전시되고 있다. 1961년 5월 16일, 총칼로 민주정부를 전복시킨 쿠데타 세력이 한 달 뒤인 6월 15일 이 비석을 파괴해버렸다. 같은 날 거창 양민학살 희생자 비석도 동시에 파괴해버렸다. 그것은 섯알오름 학살 명령자가 5.16쿠데타의 핵심이었기 때문이다. 양민학살 명령을 내렸던 당시 제주 주둔 해병대 3대대장은 승승장구해 별 하나를 달았고, 5월 16일 일본군 장교 출신 박정희 소장과 함께 쿠데타를 주동했다. 학살자는 쿠데타 직후 백일하에 드러나버린 자신의 죄악을 덮기 위해 비석을 부숴버렸다. 그 학살의 책임자는 아직도 서울에 살아 있다. 그는 유명한 대형 교회의 원로장로로 유복하고 평화로운 노년을 보내는 중이다.

고통에 대하여

사람에게 고통의 시간은 건너뛸 수 있는 징검다리가 아니다.
그것은 그저 견뎌내야 할 시간일 뿐.
고통은 또한 벗어날 수 있는 것도 아니다.
고통은 벗어나려고 발버둥 칠수록 옥죄어 드는 올가미와 같다.
삶 또한 그러하다.
삶이 참담하다 해서 건너뛸 수는 없다.
사람은 그 삶이 어떠한 것이든 온전히 자기 몫의 삶을 살아내는 것밖에 달리 방법이 없다. 그러므로 삶의 초월 따위를 이야기하는 어떠한 종교적, 초자연적 언술도 모두 사기다.
건너뛸 수 있다면 그것은 더 이상 삶은 아닌 것, 초월은 초월자의 권능이지 인간의 일은 아니므로.

내 슬픈
경주마들

가혹한 수탈의 시대

올레 2코스 초입, 내수면 호수 위쪽은 양어장이다. 양어장과 내수면 호수 사이 올레길을 걷는데 호수에서 말 한 마리가 힘겹게 헤엄치고 있다. 제주 경마장에 경주마로 갈 제주마다. 제주마는 원나라 지배기 이후 키가 작은 한반도 재래종 과하마와 몽골말 호마 사이에서 혼혈로 태어나 현재에 이르렀다. 제주마는 성질이 온순하고 강인하다. 지금 저 제주마는 경마장에서의 경주를 위해 다리의 힘을 기르는 훈련 중이다.

과거 제주 행정은 마정馬政이라 할 정도로 제주에서 목마牧馬는 절대적이었다. 고려시대부터 조선시대까지 8백 년간 제주는 국영 목장이라 말이 반, 사람이 반이었다. 1300년(고려 충렬왕 26년), 사람이 3만 명이었을 때 말도 3만 필이었으며 원나라 지배 말기에는 사람

보다 말이 더 많아져 10만 마리까지 늘어나기도 했다.

　섬에서 말을 기르는 정책은 삼국시대부터 시작됐다. 고려시대에도 제주를 비롯한 크고 작은 섬들은 목마장으로 활용되었다. 고려 태조 왕건의 주력부대가 4만의 기마부대였을 정도로 과거 이 나라에서 말은 중요한 군사 자원이었기 때문이다. 하지만 제주에서 말 사육이 본격적으로 성행한 때는 원나라가 제주를 자국의 영토로 편입시켜 직접 지배한 이후부터다. 제주는 원나라의 국립 목장 열네 개 중 하나였다. 당시까지만 해도 제주 사람은 해안지대에서만 말을 길렀는데 몽골인들이 중산간지대까지 목장을 넓히고 발달한

목마 기술을 도입했다.

조선시대에도 제주는 국영목장이었다. 목자들에 대한 나라의 수탈은 가혹했다. 목자들이 기르던 말이 죽으면 목자에게 변상하도록 했는데 그 책임을 가족들에게까지 지웠다. 목자들은 말 값을 변통할 길이 없으면 아내와 자식, 동생, 자기 몸은 물론 부모까지 팔아서라도 변상해야 했다. 제주의 불교와 무속을 탄압한 것으로 유명한 이형상은 제주 목사 임기를 마치고 쓴 『남환박물』에서 그가 재임했을 당시 말 값 변상 때문에 부모를 판 자가 다섯 명, 아내와 자식을 판 자가 여덟 명, 동생을 판 자가 스물여섯 명, 자신을 판 자가 열아홉 명 등 모두 쉰여덟 명이라며 마정의 가혹함을 개탄한 바 있다.

분재처럼 키워지는 경주마들

경주마는 콧김을 뿜으며 힘겹게 훈련에 열중한다. 말이 물으로 나오려고 할 때마다 주인은 "워이~ 쉬이익" 하는 소리를 내며 말을 물 가운데로 몰아넣는다. 말은 물질에 제법 능숙하다. 정상적인 말은 하루 30분씩 일주일만 수영 연습을 시키면 된다. 하지만 저 말은 지난 목요일에 경마장에 입소했다가 다리 근육이 뭉쳐서 아팠던 말이라 훈련 시간이 더 길다. 말은 일주일 정도 훈련을 받은 다음에 다시 경마장으로 보내질 예정이다.

제주마는 장시간을 뛰어도 지치지 않는다. 힘이 세고 질병에도 강하다. 마주馬主는 경주마가 될 제주마가 태어난 지 한 달이 될 때 어미젖을 떼게 한다. 더 이상 키가 자라지 못하게 하기 위해서다. 사료로 양분을 조절하며 맞춤으로 키운다. 강제로 말의 키를 제한하는 것이니 멀쩡한 나무를 분재로 만드는 것과 같다.

두 살이 되면 잘 먹여서 '빵빵하게' 힘 있게 만든다. 이때 경주마로 보낸다. 경주마가 상금을 벌면 마주와 조교사, 기수 등이 이익을 나눈다. 이기면 이익이고 지면 손해다. 마주는 도박에 생을 건다. 경주마가 아무리 힘겹게 훈련을 받아도 경마장에서 뛸 수 있는 기간은 고작 6개월 남짓에 불과하다. 경주마는 키 제한이 있다. 6개월마다 한 번씩 키를 잰다. 앞발부터 등까지 키가 1미터 33센티미터가 넘으면 퇴출이다. 경주마들은 경마장에서 쫓겨나면 도축장으로 보내져 말고기로 판매된다. 내 슬픈 경주마들!

그래도 경주마의 생애는 경마장을 찾는 사람들에 비하면 나은 편이다. 날마다 경마라는 도박에 생애를 거는 사람들. 그들은 대부분 가진 것 모두를 탕진하고 끝내 몸뚱이 하나만 달랑 남긴다. 하지만 생의 도축장에서 도살되고 남은 그들의 몸뚱이는 고기값도 받을 수가 없다.

신들의
로맨스

1만 8천 신들의 나라

처음과 끝은 멀리 있는 듯하나 실은 가장 가깝다. 24절기의 시작은 입춘立春이고 그 끝은 대한大寒이다. 하지만 대한 바로 다음은 다시 입춘이다. 끝은 결코 끝이 아니다.

  대한이 지나고 신구간新舊間이 돌아왔다. 제주의 신구간 풍습은 끝이 곧 시작임을 알리는 신호탄이다. 여전히 제주에서는 이 기간이면 이사 행렬로 분주하다. 신구간은 신구세관교승기간新舊歲官交承期間의 줄임말이다. 관官은 곧 신이니, 신구간은 '신들이 임무를 교대하는 기간'이라는 뜻이다. 제주의 신구간은 대한이 온 지 5일째 되는 날부터 입춘 3일 전까지다. 지상의 만물을 관장하던 1만 8천의 제주 신들이 한 해 동안 있었던 일들을 옥황상제에게 보고하고 새로운 임무를 부여받기 위해 잠시 천계에 머무르는 시기다. 신들이 지상에서 자리를 비운 틈을 타 인간들은 이사를 하거나 집수리를 하며 새로운 시작을 준비한다. 그래야만 재앙을 피할 수 있다고 믿는 까닭이다. 풍습을 지키는 것은 신들을 위한 일이 아니다. 사람 자신을 위함이다. 신구간 풍습을 미신이라고 비난할 이유가 없는 것은 그 때문이다. 재앙을 피하고 싶은 마음을 어찌 삿되다 할 수 있으랴.

신구간인 지금 서귀포의 본향신도 천계로 올라가고 안 계실까. 어쨌거나 상관없다. 나의 사랑하는 신들은 언제나 내 마음에 머무시나니. 나는 오늘도 올레 6코스 이중섭미술관 뒷골목 서귀포 본향당으로 향한다. 미술관까지 와서도 신당을 찾는 여행자는 드물다. 나는 해가 지는 시간이면 자주 신당으로 발길을 옮긴다. 낮과 밤, 이승과 저승의 경계, 이때보다 더 신들과 만나기 좋은 시간은 다시 없을 것이다. 나는 무신론자이지만 다른 사람의 신을 부정하지 않는다. 신이란 본디 믿으면 있고 믿지 않으면 없는 것. 믿는 자들에게 세상은 온통 신들 천지다. 믿는다는데 어쩌랴. 내가 부정한다 해서 그들 마음속의 신이 사라지는 것은 아닌 것을.

아직도 1만 8천의 신들이 좌정하고 3백 개가 넘는 신당이 남아 있는 제주는 신들의 나라. 제주에서는 신들이 거하는 성소를 신당이라 부른다. 본향당, 일뤠당, 여드레당, 할망당 등 신당은 내용과 기능에 따라 다양하게 분류되어 있다. '일뤠당'은 이렛날, 7일, 17일, 27일에 제를 모시는 신당이다. 신들 대부분이 재물, 출산, 건

강 등 여러 기능을 동시에 수행한다. '여드레당'은 재물을 관장하는 뱀 신을 모시는 신당인데 8일, 18일, 28일에 제를 지낸다. '할망당'의 '할망'은 단순히 하루방에 대응하는 노인이 아니다. 할망은 극존칭으로 여신을 의미한다. 그래서 여자아이나 처녀가 죽어 신으로 모시게 되면 그들도 할망이 된다. 아기당이나 처녀당이 아니라 할망당이 되는 것이다. '본향당'은 온 마을 사람들이 공동으로 신앙하는 곳으로 주민들과 가장 밀접한 마을 공동체의 신당이다. 제주 신당의 44퍼센트가 본향당이다.

서귀포 본향당의 당신堂神은 보름웃도. 보름웃도는 중국에서 박색인 고산국과 혼례를 올렸으나 아내 몰래 미색의 처제 지산국과 눈이 맞아 제주로 도망친다. 분노한 고산국은 둘을 뒤쫓아 제주로 날아온다. 다급해진 보름웃도는 한라산 영실지경에서 풍운조화를 부려 세상을 암흑 속에 빠뜨린다. 고산국은 죽은 구상나무로 닭을 만들어 울게 한다. 닭이 울자 세상은 다시 밝아지고 두 연인은 숨을 곳이 없어진다. 고산국이 화살을 겨누고 죽이려 들자 둘은 바짝 엎드려 살려달라고 애걸한다. 마음이 약해진 고산국은 그들을 죽이지 못한다. 대신 서귀포의 땅을 갈라서 각자 살아갈 것을 제안한다. 동생이 보름웃도와 붙어살지 못하게 할 고육책이었다. 그래서 보름웃도와 고산국, 동생인 지산국 세 신인은 각자 한 마을씩을 차지하고 앉아 좌정한다. 고산국은 서홍동, 지산국은 동홍동, 보름웃도는 서귀동의 당신이 된 것이다. 고산국은 서귀포 세 마을 사이에 혼례나

토지 매매도 금한다. 보름웃도와 지산국이 다시 만날 수 있는 빌미를 아주 제거해버리기 위해서다. 이후 세 마을 사람들은 서로 간에 혼인을 기피했고 그 풍습은 오래도록 이어졌다.

살아 있는 신당, 서귀포 본향당

서귀포 본향당의 신화는 마치 그리스 로마 신화의 한 대목과 흡사하다. 신들의 로맨스와 삼각관계, 질투와 복수. 인간 세계의 반영으로써 신들의 세상은 올림푸스산이나 한라산이 다르지 않다. 하지만 제주의 신들은 그리스 로마의 신들처럼 잔혹하지 않다. 만약 고산국이 헤라 여신이었다면 지산국은 참혹한 죽음을 면치 못했을 것이다. 제주의 신들은 자애롭다.

신화는 다양하게 정의된다. 신화를 가리켜 제임스 조지 프레이저는 "자연계를 설명하려는 서툴고 원초적인 노력"이라 말했고, 뮐러는 "후세에 오인된 선사 이래의 시적 환상", 에밀 뒤르켕은 "집단 속에 개인을 귀속시키기 위한 은유적 가르침"이라 정의했다. 조셉 캠벨은 "사회가 꾸는 집단적인 꿈"이라 정의 내렸다. 신화에 대한 정의가 무엇이든 카렌 암스트롱의 언급처럼 "신화 속의 신이란 실재하지 않지만 가장 영향력 있는 실제"라는 사실 하나만큼은 명확하다. 서양 기독교의 신이 그랬던 것처럼 과거 제주에서는 1만

8천의 신들이 가장 영향력 있는 실제였다. 그러므로 제주의 신화를 아는 것은 제주 사람과 제주의 역사와 문화를 이해하는 가장 빠른 길이다.

서귀포 본향당은 소박한 임시 건물이다. 신당 안, 벽에는 신들의 화상이 붙어 있고 제단에는 향로와 양초가 놓여 있다. 제단 앞에는 축원문들이 올려져 있다. 서귀동은 물론 서홍동, 동홍동 사람까지 축원하는 모습은 오랜 세월 이어져온 세 마을 간의 반목이 이제는 사라졌다는 의미일 것이다. 더러는 부산이나 고양시에 사는 사람이 올린 축원문도 있다. 아마도 서귀포 출향인의 것이겠지. 아니다. 고양시 정발산동의 발원문은 백두산 이 도령이 올린 것이다. 그는 필시 무속인일 터, 여기까지 찾아와 축원을 비는 것은 그만큼 서귀포 본향신이 영험하다는 증거겠다. 천장에는 연등도 걸렸다. 마치 절의 법당에 온 듯하다.

과거 제주에서는 당집과 절의 구분이 무의미했다. 절에서도 당신이 좌정하고, 당에도 부처님이 계셨다. 신당 마루에는 작은 북과 장구, 요령 등 제의를 할 때 쓰는 신물들이 놓여 있다. 서귀포 본향당은 여전히 살아 있는 신당이다. 언제나 신을 영접할 준비가 되어 있다.

제주의 당에는 신전이 거의 없다. 서귀포 본향당은 예외적인 경우다. 드물게 있을 경우에도 비를 가릴 정도로 소박하다. 제주의 신들은 검소하여 호화스러운 건물 따위는 거추장스러워한다. 대체로 제주의 신들은 어디에나 깃들어 있기에 굳이 신전 따위가 필요하지도 않다. 큰 나무에도, 바위틈에도, 해안가에도, 산과 들과 바다 어디에도 거처한다. 그들이 머무는 모든 곳이 성소다. 그러니 어찌 굳이 신전 같은 것이 필요하랴. 돌담으로 울타리를 쳐서 성소임을 표시만 하면 충분하다. 신들이 소박하고 검소한 것은 인간에게 축복이다. 사치스러운 신전을 짓기 위해 시달리거나 재물을 낭비할 일이 없기 때문이다. 그런 면에서 제주의 신들이야말로 세상 어떤 신들보다 사람에게 '민폐'가 적은 신들이다.

    제주에 와서는 제주의 신들에게 경배하라. 경배가 아니어도 좋다. 서귀포에 오거든 서귀포 본향당을 한 번쯤 찾아보라. 당집의 신들은 마귀나 사탄이 아니다. 우리 조상님들이시다.

살 려 줍 서
살 려 줍 서

눈보라 속의 뱃고사

2010년 겨울, 강정천 올레길을 걷는다. 눈보라가 몰아치고 풍랑이 거센 날. 제주의 어선들은 모두 방파제 안으로 몸을 숨겼다. 대양을 오가는 대형 화물선들도 제주 바다에 닻을 내리고 바람이 잠들기를 기다린다. 나그네도 문득 강정포구 앞에서 발이 묶인다. 나그네를 붙든 것은 바람이 아니다. 눈보라도 아니다. 강정의 어선 성진호다. 성진호 갑판에서는 '연시'가 한창이다. 연시는 일종의 뱃고사다. 선주는 배 바닥에 앉아 있고 심방은 끊임없이 주문을 외면서 선주를 축원한다. 선주의 노모는 화물차 운전석 옆자리에 앉아 함께 기원한다. 눈보라가 휘몰아치는데 심방도 선주도 추위 따위는 잊었다. 열에 들떠 신을 맞이하기에 바쁘다. 심방은 연신 선주를 대신해 신들에게 소망을 전한다. 액운을 풀고 행운이 깃들기를 기원한다. 심

방은 하얀 띠를 감았다 풀면서 의식을 거행한다.

"늑낙 되지 않으쿠다. 살려줍서, 살려줍서."

건방 떨지 않고 경건할 터이니 제발 바다에서 죽지 않고 살게 해달라는 간절한 기도.

"풀려나 주구다.
다 풀려나 주구다.
정월에도 고기 많이 잡아주고
선왕님이 풀려주고
조상님이 풀려주고
용궁 할머니가 풀려주고
42세 6월 10일생 선주
풀려나 주구다.
살려줍서 살려줍서."

바람의 신 영등할망

선왕님도, 용궁 할머니도, 조상님도 모두 선주의 액운을 풀어주고 풍어를 이루게 해주시라. 마흔두 살인 선주가 부디 무사 안녕하게 해주시라. 띠를 감았다 풀면서 심방은 쉼 없이 주문을 왼다. 나는 일

전에 성산일출봉 아랫마을에서도 무녀가 띠를 풀면서 주문을 외는 것을 본 적이 있다. 그녀도 파랗고 노랗고 붉은 띠로 매듭을 만들었다가 풀기를 반복했다. 띠를 푸는 것은 액운을 푸는 것과 동일시된다. 만물은 비슷한 것끼리 감응한다. 유감주술.

눈발은 더 굵어지고 바람도 점점 거세진다. 제주에서 가장 강력한 신은 바람의 신 영등할망이다. 그래서 제주 사람들은 매년 정월 서쪽에서 바람이 불어오면 신들의 나라에서 오는 영등할망을 맞이하는 영등제를 지낸다. 예전에는 바람신의 세력이 가장 강력한 2월부터 보름 동안은 누구도 배를 띄우지 않았다. 이 포구에도 영등할망이 왕림하셨는가. 갈수록 바람이 매서워진다. 제주에서는 영등할망이 왔다 가는 시기에 첫 출어 날짜를 잡는 연시를 한다.

지금은 과학기술의 발달로 영등할망을 비롯한 제주 바다신들의 위세도 예전만 못하다. 신들의 비급을 엿볼 수 있게 된 사람들은 더 이상 신들을 맹신하거나 심방에게 목을 매지도 않는다. 오늘 성진호의 선주는 다른 배들보다 먼저 연시를 해서 출어하는 날을 점지 받았다. 그러나 선주의 눈빛에는 신들에 대한 두려움은 없어 보인다. 어쩌면 선주가 연시를 하는 것은 신들에게 의지하기 위함이 아닐지도 모른다. 뱃전에 꼿꼿이 앉은 선주는 흡사 수행자 같다. 선주는 스스로 고행을 하며 풍어를 하겠다는 의지를 다지는 중이 아닐까. 그도 아니면 선박 보험을 들었듯이 신들에게 보험 하나쯤 더 들고 있는 것은 아닐까.

어찌 나만이 인생에서 상처 받았다 할까

내 마음은 단 하루도 잔잔한 날이 없었으니
심한 풍랑에 부대끼고
인생에서 상처 받았으니
위로받을 수 없었으니
세상의 길은 나에게 이르러 늘 어긋났으니
시간은 나에게만 무자비한 판관이었으니
어느 하루 맑은 날 없었으니
문밖을 나서면 비를 만났으니
누구 하나 우산 내밀지 않았으니
고달픈 세월의 바람에 나부꼈으니

바람과
돌의
나라

떡으로 지은 돌담

제주는 바람의 나라, 제주는 돌의 나라. 제주 바다의 지배자는 바람이지만 뭍으로 건너온 바람을 막아주는 것은 돌담이다. 제주의 옛 집들은 나지막하다. 바람 때문이다. 잔뜩 웅크리고 앉아 바람을 피하려는 사람의 자세와 집의 생김새는 너무도 흡사하다. 바람의 침입으로부터 집을 지켜주는 울담(집담)뿐 아니라 밭들의 경계인 밧담(밭담), 유택의 보호막인 산담, 바다밭의 울타리 원담까지 제주는 온통 돌담 천지다.

　　육지의 밭과 달리 제주의 밭은 거의 대부분 돌담으로 둘러싸여 있다. 제주의 돌담은 농경의 시작과 함께 존재했을 테지만 본격적으로 밭에 담을 쌓은 것은 1234년(고려 고종 21년) 탐라 판관 김구에 의해서라고 전한다. 제주에서는 태풍 등의 재해가 지나고 난 뒤 유

일생을 땅에 내려앉지 않고 날아다니며 사는 새가 있다. 그것은 바람이다.

— 세네갈 전설

난히 밭의 경계를 둘러싼 분쟁이 많았다. 힘센 자들이 밭의 경계가 모호해지면 약한 자의 밭을 빼앗는 폐단이 끊이지 않았다. 결국 잦은 분쟁을 목격한 김구 판관이 밭의 경계마다 돌담을 쌓으라고 지시했다. 밭의 둘레에 돌담이 생기면서부터 경계가 명확해졌고 바람이나 마소 등의 동물로부터도 작물을 보호받을 수 있게 되었다. 담을 쌓은 밭은 밧담이라 부르고, 일부 산중 밭처럼 힘에 부치거나 돌이 부족해 담을 쌓지 못한 밭은 무장전無牆田이라 했다.

산담은 무덤의 둘레를 쌓은 담이다. 육지의 무덤과 달리 제주의 무덤은 대부분 돌담으로 둘러싸여 있다. 망자의 땅이라는 경계 표시일까. 그런 면도 없지 않겠지만 산담은 방목되는 마소나 야생동물들의 침입으로부터의 안전막이다. 무덤의 주인들은 검은 현무암인 산담 덕분에 보호를 받는다. 하지만 무덤의 산담들은 그 크기가 제각각이다. 자손들의 재력에 따라 담의 규모도 갈리는 것이다.

올레 15코스 개장 행사에 함께 참석한 서동철 형과 숲길을 걷는다. 한림항 도선장에서 애월읍 고내포구까지 15코스는 바닷가보다 밭이나 숲을 많이 통과한다. 과오름 숲길을 지나며 문득 산담의 저 많은 돌들이 어떻게 옮겨졌을지 궁금해진다.

"형, 산담을 쌓으려면 품이 많이 들었을 텐데 일꾼을 고용해서 쌓은 건가요?"

"아니. 동네 사람들이 쌓은 거라."

"울력으로요?"

"그도 아니고, 다 품삯을 주고 돌을 샀다게. 돈 대신 떡을 줬어. 담의 돌 숫자가 떡 숫자야. 떡 하나에 돌 하나."

"돌 하나에 떡 하나!"

"상주가 떡을 들고 있다가 돌 하나 들고 온 사람에게 떡 하나 주고 그랬다게."

그렇구나. 저 산담은 단순히 돌담이 아니라 쌀로 지은 떡담이구나. 누구나 크고 튼튼한 돌담을 쌓고 싶었겠지만 그것은 집의 경제력이 받쳐줘야 가능한 일이었다. 쌀이 귀한 제주에서 마을 사람들은 산담 쌓을 돌을 날라주고 쌀로 빚은 떡을 받아 소중한 양식으로 삼았다. 있는 집안은 큰 산담을 쌓고 없는 집안은 가족끼리 외롭게 돌을 날라다 외줄의 산담을 쌓은 것이다. 빈부의 차이는 무덤까지도 따라갔다.

모슬포
과부탄

과부의 한이 서린 암초, 과부탄

화순해수욕장에서 송악산까지 올레 10코스를 걷는다. 나그네는 많은 올레길 중에서도 유독 송악산 올레길을 사랑한다. 바다에 인접한 낮은 산, 분화구 안 목장에서 한가롭게 풀을 뜯고 있는 말들. 따뜻한 햇볕, 숲속을 지나온 바람. 그 목가적이고 평화로운 풍경이 눈물겹게 아름답다. 송악산 올레길이야말로 '평화란 이런 것이구나!'를 느끼게 해주는 귀한 길이다.

    송악산 너머 모슬포항에서 마라도로 가는 해로에는 여러 개의 등표가 있다. 등표는 암초의 존재를 알리는 신호등이다. 지금은 폭풍에 휩쓸려 가버렸지만 그중 하나는 과부탄에 설치되어 있었다. 과부탄은 '홀애미여'라고도 부르는 수중의 암초다. 뱃길에는 수없이 많은 여와 걸들이 항해를 방해한다. '여'는 물의 들고 남에 따라

생겨나기도 하고 사라지기도 하는 암초이고 '걸'은 썰물에도 수면에 모습을 드러내지 않는 숨은 암초다. 과부탄, 저 암초에 부딪혀 얼마나 많은 배들이 난파되었을까. 사내들의 목숨을 수도 없이 빼앗아간 과부탄에는 필시 선원들을 유혹하는 세이렌이라도 살았던 게 아닐까. 과부의 한이 서린 암초. 과부탄뿐이랴. 오늘처럼 파도가 심한 날이면 유독 서럽게 울어대는 여들이 있다. 그 이름도 과부탄처럼 서럽다. 각시여와 서방여, 부부여, 슬픈여······.

    섬이나 바닷가 마을 부근에는 으레 그런 이름의 여와 그에 관한 이야기가 한둘은 있기 마련이다. 마을 앞에 작은 바위섬이 있었다. 부부가 배를 타고 나가 각시를 섬에 내려주면 각시는 전복, 해삼, 소라, 미역 등을 채취했다. 서방은 잠시 노를 저어 근처 다른 섬에 일을 보러 떠났다. 꽤 오랜 시간이 지나 서방이 바위섬으로 돌아오니 섬도 각시도 흔적조차 없이 사라져버렸다. 서방은 서글프게 통곡했지만 이미 삶은 물거품이 되고 말았다. 뭍에 살다가 섬으로 이주한 사람들이라 바다에 대한 지식이 부족했겠지. 여가 물때에 따라 물 위로 오르기도 하고 물속으로 잠기기도 하는 암초라는 사실을 몰랐겠지. 아니면 잠깐 잊었겠지. 그렇게 바다는 각시를 삼키고 서방을 삼켰다. 때때로 부부를 함께 삼키기도 했다.

바다는 깊은 바다보다 얕은 바다가 더 무섭다. 뱃사람들에게도 여는 공포의 대상이었다. 각시가 죽은 뒤 자꾸 그 여의 근처만 지나면 배들이 난파당했다. 뱃사람들의 꿈에 원통하게 죽은 각시가 나타나 하소연했겠지. 뱃사람들은 원혼을 달래는 제사를 지냈고. 그러다 각시의 영혼을 아주 당으로 모시기도 했겠지. 그러면 각시는 바다의 신, 섬과 바닷길의 수호신이 되었겠지.

어제까지만 해도 풍랑이 거세게 몰아치던 바다가 오늘은 황금빛으로 눈부시다. 바다는 언제나 사람의 생사 따위에는 무심하다.

송악산 올레

송악산 올레길을 걷는다
모슬포는 바람의 나라
송악산 너머 모슬포는 바람의 나라
산정이 가까워질수록 나무들은 키가 작아진다

송악산 정상의 나무 한 그루
바닥에 납작 엎드려 있다
언제부터일까
성장을 멈추고 작아지기 시작한 나무는
이제 아주 키가 사라져버렸다

바람막이 하나 없는 산정
세상의 모든 바람에 몸 둘 바를 모르는 나무
가장 높은 곳에 자리했으니
나무는 생의 절반이 시련이다

거친 바닷바람에 맞서도 보았으나
부러지고 말라가는 것은 바람이 아니었다
나무였다

깊은 명상 끝에 나무는 문득 깨달았다
정상에 있다는 것은 자랑이 아니다
귀한 것이 아니다
높이를 버리고 넓어지기로 작정한 나무
나무는 바닥에 납작 엎드렸다

높이 있다는 것은 자랑이 아니다
위태로운 것이다
마침내 나무는 살아남는 법을 알았다
몸을 낮추는 법을 배웠다

분화구 안 말 목장을 지나
송악산을 넘는다
모슬포는 바람의 나라
송악산 너머 모슬포는 바람의 나라

지 구 는
수 구 다

시간의 무게

우리는 물의 행성에 살고 있다. 물리학자 필립 볼의 말처럼 우리가 살고 있는 행성은 어쩌면 '지구地球가 아니라 수구水球'다. 지구 표면의 70퍼센트가 물로 덮여 있고 태평양은 모든 대륙을 합한 것보다 크다. 수구 한가운데 떠 있는 외로운 점 하나, 제주도. 이곳은 언제나 파도가 높고 바람이 거세다. 제주의 남쪽 해변 끝자락에 자리한 서귀포는 늘 삶을 위협하는 풍랑 때문에 위태롭다. 하지만 서귀포 앞바다에는 문섬, 새섬, 섶섬, 범섬 등 무인도가 있어 태평양에서 불어오는 바람과 파도를 막아준다.

범섬과 함께 천연기념물인 문섬은 민둥섬이라는 뜻이지만 지금은 나무가 울창하다. 한때 나무가 없었거나 그 생김이 민둥해서 붙은 이름이겠지. 문섬은 해발 85미터의 낮은 산이다. 서귀포 바로 앞 새섬으로 인해 서귀포항이 형성될 수 있었다면, 그 새섬을 더 큰 파도로부터 지켜준 것은 문섬이었다.

　이들 서귀포 앞바다 섬들은 50만 년 전후로 형성됐다. 화산암이지만 이 섬들은 제주 본토의 기반 암석인 현무암이 아니라 조면암이다. 50만 년, 인간의 생애로는 가늠할 수 없는 시간. 대체 그 시간의 무게는 얼마쯤일까. 나그네는 문득 이 행성 전체의 무게가 궁금하다. 이 행성의 무게도 보이는 것이 전부는 아닐 것이다. 수십억 년이라는 시간의 무게가 더해진 것이겠지. 이 행성을 살다간 무수한 생명체의 살과 뼈는 흙으로 갔고 그들의 피는 강과 바다로 흘러들었다. 이 행성에서 생성되고 소멸했던 모든 생명의 무게까지 더해진 것이 이 행성의 무게일 터. 두려워라! 시간이여, 시간의 무게여.

범섬, 목호의 최후 항전지

서동철 형과 법환포구에서 어선을 얻어 타고 범섬으로 건너왔다. 섬의 둘레는 모두 절벽이다. 가파른 암벽을 타고 오르니 제법 너른 평지도 있다. 지금은 무인도지만 예전에는 몇 가구가 살면서 농사도 짓고 소도 기르던 섬이었다. 가파르고 작은 섬이지만 사람이 살 수 있었던 것은 물이 풍부하기 때문이다. 먹을 물과 손바닥만 한 농토라도 있으면 사방이 낭떠러지인 이런 섬에도 사람이 들어와 살았다. 제주 사람에게 삶이란 그토록 척박했다.

범섬은 고려 말 최영 장군이 제주도에서 말을 기르던 몽골인 목호牧胡의 반란을 진압한 최후의 격전지다. 원나라를 멸망시킨 명나라는 원나라의 직할지였던 제주도에 대한 영유권을 주장하며 고려 정부에 탐라에 있는 원나라의 말 2천 필을 요구했다. 목호들은 이를 거부하고 항전을 선언했다. 이에 공민왕은 최영 장군에게 토벌을 명령했다. 최영 장군은 전함 3백14척과 병사 2만 5천 명을 이끌고 제주로 진군했다.

전투는 한 달이나 계속됐다. 제주 서쪽 명월포(한림항의 옛 이름)에서 시작되어 어음리, 밝은오름, 금오름, 새별오름, 서귀포 예래동 등지에서 치열한 전투가 벌어졌다. 결국 남쪽으로 쫓기고 쫓기다 목호의 수뇌부가 범섬으로 들어갔고 그곳에서 최후를 맞이했다. 당시 전투를 지켜봤던 하담은 "칼과 방패가 바다를 뒤덮고 간과 뇌는 땅을 가렸으니 말을 하자니 목이 멘다"라고 탄식했다. 고려 본토가 원의 간접 지배하에 있을 때 몽골은 백여 년간 제주를 영토로 편입시켜 직접 지배했다. 이 반란을 끝으로 몽골의 지배는 끝났다. 하지만 오랜 세월 탐라국이라는 독립국에 살았던 제주 사람에게 고려군은 점령군이 아니었을까. 몽골이든 고려든 삼별초든 그들에게는 모두 외세가 아니었을까. 외부 세력의 다툼에 짓밟힌 것은 제주 땅이었고 그 와중에 영문도 모르고 죄 없이 죽어간 제주 사람들 또한 수없이 많았을 것이다.

아니다. 당시 기록에는 제주에 주둔한 몽골군이 1천4백 명에서 1천7백 명 정도다. 1300년(충렬왕 26년) 제주의 인구가 3만 명이었다. 목호의 난이 일어났을 때도 5만 명 이하였을 것이다. 그런데 목호의 난을 진압하기 위해 고려가 파견한 군사가 2만 5천 명이나 된다. 이를 통해 목호의 난에 가담한 제주 사람의 수를 짐작할 수 있다. 목호의 난에 수많은 제주 사람이 가담했다는 사실은 무엇을 의미할까. 전투를 지켜봤던 하담은 또 "우리 동족이 아닌 것들이 섞여 갑인의 변을 불러들인 것"이라고 기록했다. 이는 반란군 중에 제주 사람이 더 많았다는 이야기다. 목호의 난이란 실상 목호만이 아니라 제주 사람의 난이기도 했던 것이다. 혹시 제주 사람들은 목호와 함께 원나라와 고려 모두의 지배에서 벗어나 독립국을 꿈꾸었던 것은 아닐까. 탐라국의 부활을 기도했던 것은 아니었을까.

죽음 없이 재생은 없다

범섬은 제주 창조 신화의 주요 무대이기도 하다. 제주 창조 여신인 설문대할망은 옥황상제의 셋째 딸이었고 거인이었다. 할망이 치마로 몇 번 흙을 날라다 만든 것이 한라산이다. 흙을 나르던 중 터진 치마 사이로 떨어져서 굳은 것이 오름이다. 할망의 나막신에 붙었다가 떨어져 나간 흙덩이들도 오름이 되었다. 한라산이 너무 높아

봉우리를 꺾어 던졌더니 산방산이 되었다. 성산일출봉은 할망의 빨래 바구니고 우도는 빨래판이었다. 본래 우도는 제주 본섬과 연결되어 있었지만 할망이 한번 오줌을 누자 흙이 쓸려나가 그 사이는 바다가 되었고 우도는 섬으로 떨어져 나갔다. 설문대할망이 백록담을 베개 삼아 누우면 허리가 고근산에 걸쳐지고 다리는 범섬에 닿았다. 이때 설문대할망의 발가락이 닿아 뚫린 구멍 두 개가 있다. 이 구멍은 범의 콧구멍을 닮았다 하여 '콧구멍'이라 부른다. 범섬의 두 동굴이다.

범섬은 앞에서 보면 그저 평범한 돌섬처럼 보인다. 하지만 배를 타고 뒤편으로 오니 주상절리의 절벽이 압도적이다. 어째서 범섬이라 했는지 이해가 되고도 남는다. 범의 기상이 느껴진다. 설문대할망의 발가락 흔적이 남은 콧구멍에서는 범의 거친 숨소리가 들리는 듯하다. 나그네는 수많은 섬을 떠돌아다녔다. 여수의 백도나 신안의 홍도, 백령도 두무진은 그 기암괴석의 절경이 찬탄을 자아내게 하지만, 나그네는 그 어떤 섬에서도 범섬에서와 같은 강렬한 에너지의 파장을 느껴보지는 못했었다. 에너지는 어디에서 오는 것일까. 범에게 오는 것일까. 설문대할망의 손길이나 발길이 닿은 곳은 모두가 할망의 몸이다. 그러니 에너지는 필시 설문대할망으로부터 오는 것이다.

설문대할망에게는 아들이 무려 5백 명이나 있었다. 하루는 5백 명의 아들을 먹이려고 큰 솥에 죽을 쑤다가 그 솥에 빠져 죽었다. 그런데 아들들이 그 사실을 까마득히 모르고 죽을 달게 먹었다. 막내 아들이 나중에 돌아와 어머니가 죽은 것을 알았다. 아들들은 모두 서럽게 울다가 그대로 굳어서 바위가 되어버렸다. 한라산 영실의 오백장군 바위가 그 아들들이다. 그들이 흘린 피눈물은 한라산 철쭉으로 피어났다. 예수보다 먼저 십자가에 못 박혀 죽임을 당하고 해체되어 대지와 바다에 뿌려진 이집트 신화의 구세주 오시리스처럼, 설문대할망 또한 스스로 죽음을 택해 자신이 창조한 제주의 밑거름이 되었다.

죽음 없이 재생은 없다. 씨앗도 죽어서 썩지 않으면 새싹을 틔우지 못하듯 한 생명이 탄생하는 데 한 생명의 죽음은 필수적이다. 할망의 죽음으로 비로소 제주 사람들은 새로운 생명을 얻었다. 그러므로 제주 사람들은 신의 자식이고 거인의 후예다. 설문대할망은 창조의 어머니인 동시에 제주 땅 그 자체다. 지구의 여신 가이아가 지구 자체인 것처럼. 신화는 설문대할망의 몸이 곧 제주라는 사실을 일깨워준다. 그러므로 제주의 땅을 함부로 파헤치는 행위는 어머니인 설문대할망의 생살을 찢는 무도한 짓이다.

서귀포의 어미섬, 문섬

오늘은 또 서귀포항에서 낚싯배를 얻어 타고 서동철 형과 함께 문섬으로 건너왔다. 오르는 길은 가파른 절벽이다. 아래에서는 오르기 불가능해 보이는 절벽에도 길이 있다. 절벽에 올라서니 숲길이다. 길섶의 시누대 숲이 바람에 일렁이며 서걱거린다. 서동철 형은 문섬을 서귀포의 어미섬이라 부른다. 범섬은 아비섬, 섶섬은 아비의 첩섬이라는 것이다. 문섬은 예부터 어머니의 가슴처럼 생겨서 어미섬이라 했다. 문섬 옆의 작은 바위섬은 딸섬. 문섬은 여성적이고 범섬은 남성적이라 그런 해석이 가능할 듯도 하다.

문섬 부근의 바다는 세계 최대의 맨드라미 산호(연산호) 군락지다. 바닷속은 꽃 대궐이다. 잠수부들이 즐겨 찾는 것도 그 때문이다. 이곳에서 세계 수중 촬영대회가 열리기도 했었다. 서귀포항에서 유도선을 타고 온 관광객들은 이곳에서 잠수함으로 옮겨가 수중 세계를 유람한다. 문섬이 어미섬이니 문섬 바닷속의 산호 군락지는 어미의 자궁이다. 어미의 자궁에 기대 수많은 물고기와 바다풀과 생명체들이 살아간다.

숲길은 제법 길게 이어진다. 20여 분 남짓 문섬의 숲길을 헤치고 가니 길의 끝에 등대가 있다. 등대 아래는 또 다른 절벽이다. 태양의 시간, 등대는 그 품속에 불빛을 감추고 곧 다가올 밤을 예비한다. 등대 위로 참매 한 마리가 상공을 선회한다. 사람이 살지 않는 이 섬의 주인은 저 매다. 매나 수리 같은 맹금류들이 주로 무인도나 절벽에 둥지를 트는 것은 천적으로부터 자기 새끼를 보호하기 위해서다. 저 하늘의 지배자가 가장 두려워하는 천적은 구렁이나 갈매

기가 아니다. 사람이다. 옛날 섬사람들은 맹금류의 알을 도둑질하기를 즐겼다. 특히나 참매의 알은 간질에 특효가 있다고 구전되어 아무리 험한 절벽이라도 올라가 훔쳐가곤 했다. 서로가 서로의 새끼를 물어다 제 새끼를 먹이는 저 끔찍한 모성의 한낮.

    섬은 더할 나위 없이 평화롭다.